はじめての
ギリシア神話

松村一男 Matsumura Kazuo

★——ちくまプリマー新書
331

目次 ＊ Contents

地図、系譜図●網谷貴博（アトリエ・プラン）

系譜

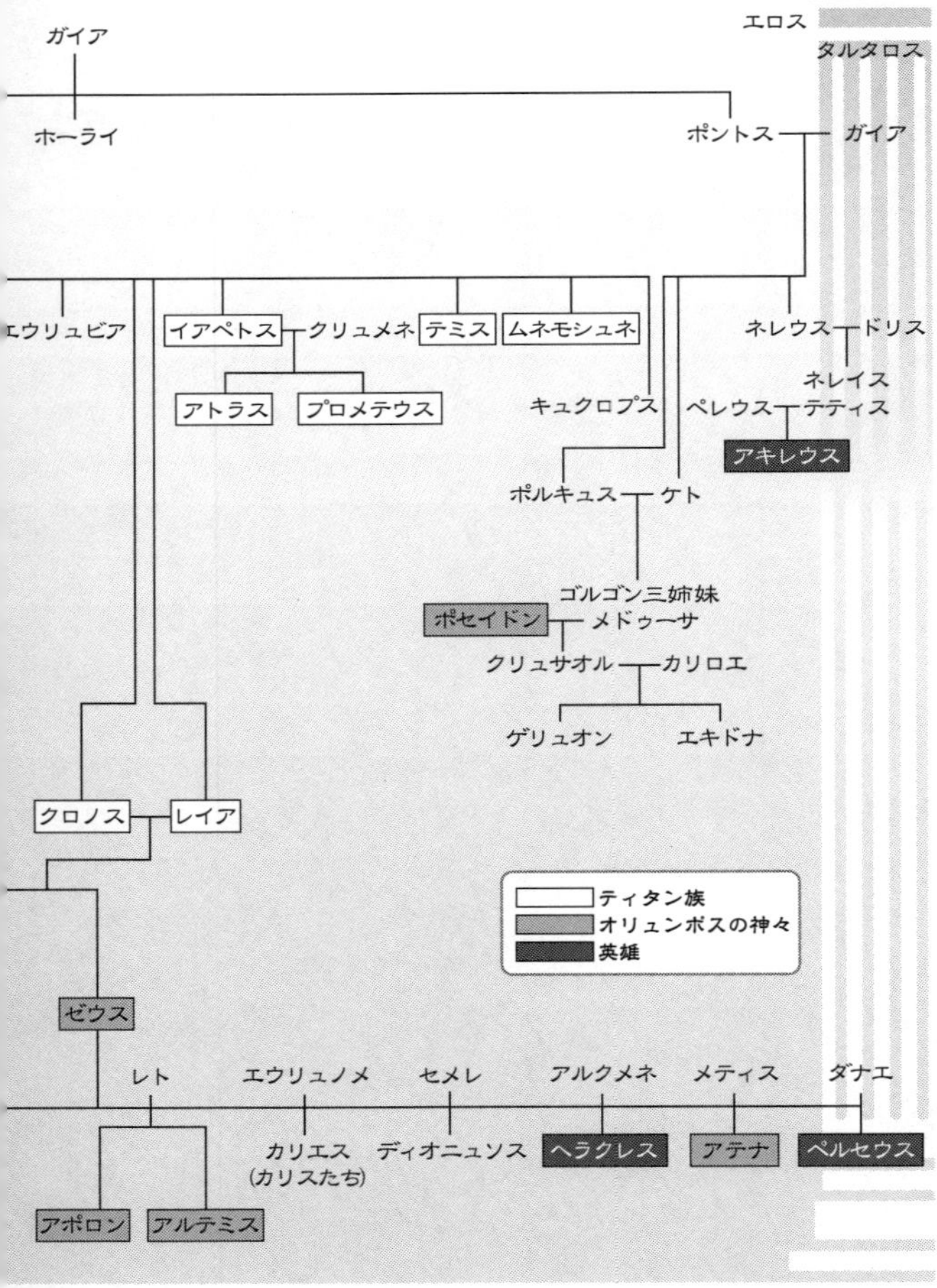
エロス
タルタロス
ガイア
ホーライ
ポントス
ガイア
エウリュビア
イアペトス
クリュメネ
テミス
ムネモシュネ
ネレウス
ドリス
アトラス
プロメテウス
キュクロプス
ネレイス
ペレウス
テティス
アキレウス
ポルキュス
ケト
ゴルゴン三姉妹
ポセイドン
メドゥーサ
クリュサオル
カリロエ
ゲリュオン
エキドナ
クロノス
レイア
ティタン族
オリュンポスの神々
英雄
ゼウス
レト
エウリュノメ
セメレ
アルクメネ
メティス
ダナエ
カリエス
(カリスたち)
ディオニュソス
ヘラクレス
アテナ
ペルセウス
アポロン
アルテミス

神々と英雄の

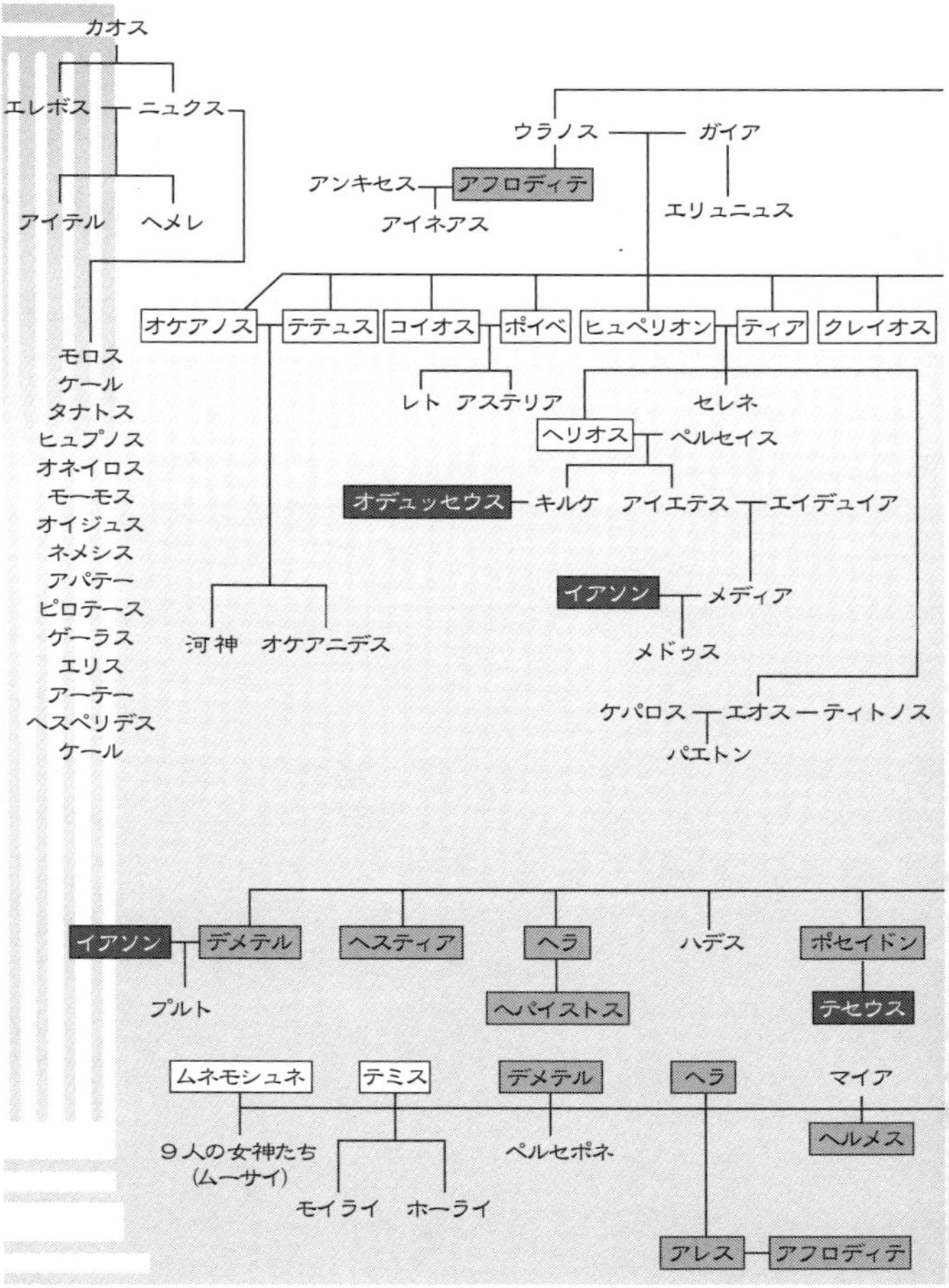
カオス
エレボス
ニュクス
アイテル
ヘメレ
モロス
ケール
タナトス
ヒュプノス
オネイロス
モーモス
オイジュス
ネメシス
アパテー
ピロテース
ゲーラス
エリス
アーテー
ヘスペリデス
ケール
ウラノス
ガイア
アンキセス
アフロディテ
アイネアス
エリュニュス
オケアノス
テテュス
コイオス
ポイベ
ヒュペリオン
ティア
クレイオス
レト
アステリア
セレネ
ヘリオス
ペルセイス
オデュッセウス
キルケ
アイエテス
エイデュイア
イアソン
メディア
メドゥス
河神
オケアニデス
ケパロス
エオス
ティトノス
パエトン
イアソン
デメテル
ヘスティア
ヘラ
ハデス
ポセイドン
プルト
ヘパイストス
テセウス
ムネモシュネ
テミス
デメテル
ヘラ
マイア
9人の女神たち
(ムーサイ)
ペルセポネ
ヘルメス
モイライ
ホーライ
アレス
アフロディテ

はじめに

日本神話との比較

ギリシア神話についてはこれまでも多くの本が出版されています。もちろん、是非知っておいてほしいギリシア神話の基礎知識や定説はありますが、今回はそれらをすでにある本とは少し違った方法で紹介していきたいと思います。

一つは、他地域の神話との比較をしながらギリシア神話の特徴を浮かび上がらせるという方法です。なかでも日本人に最もなじみが深い日本神話との比較をしていきます。ギリシアも日本も周囲を海に囲まれて多くの島々が点在しています。ただギリシアは完全な島国ではなくヨーロッパ大陸から突き出た半島です。また周囲の海も、日本のような太平洋、日本海といった大きな海ではなく、周囲を大陸に囲まれた内海である地中海でした。こうした地理的な類似と相違が神話にどのような違いを生み出すのか、比較しながら考えてみましょう。

日本の歴史との比較

しかし神話の違いは地理的条件だけでは説明できません。地理と無関係ではないけれど、歴史もまた神話の違いを生み出します。おそらくギリシア神話の最も古い部分は、ギリシア人と祖先を共通にする古代インドや古代イランの人々の神話にも共通するものが見られることから類推するに、ギリシア人がギリシアに到達する紀元前二千年紀以前にさかのぼると思われます。南ロシアの原郷から西に移動し、そしてその後、ギリシア神話はギリシアの地でさらにメソポタミア、エジプト、ウガリット、ヒッタイトなどの周辺の諸地域との交流の中で発展します。その結果、紀元前五世紀の都市国家の最盛期にはほぼ現在知られている形が完成していたようです。

日本の場合、一万五〇〇〇年くらい前から二千数百年前（紀元前四世紀）まで続いた狩猟・漁猟・採集の縄文時代があり、大陸から稲作などの農業が伝わってきた弥生《やよい》時代、そして食料の備蓄が可能となって人口が増え、結果的に階層化が生じて、支配者層が出現した古墳時代、その傾向がさらに進んで大和朝廷を中心とした統一国家が出現した飛鳥《あすか》時代と続いていきます。古墳時代や飛鳥時代には大陸との交流も増大し、漢字や法律や官僚制度も伝わり、そうした国家の体裁を整える過程の一つとして支配者層の由来を語る神話もまとめられたのでしょう。たとえば日本神話の場合も最古の要素には縄文時代にさかのぼるものが見られますが、次いで弥生時代に特徴的な神話要素、そして王権が誕生する時期になって成立した神話要素などの時代的重層性があるのです。

神話・伝説・昔話はどう違う？

神話はまだ世界の秩序が完全に整っていない大昔の出来事についての物語です。そこではまだ人間が主人公ではありません。主人公は世界を作り上げる神々や神々の血を引く英雄やその英雄たちによって退治される怪物などです。しかし特別な力を持った主人公が敵や怪物を退治する物語なら、神話の他にもあります。たとえば日本ならば怪力の子供の金太郎、巧みな戦術を駆使して勝利する戦士・武士としてのヤマトタケルや源義経《よしつね》などを主人公とする昔話や伝説がありますし、海外なら子供が巨人や人食い魔女を退治する「ジャックと豆の木」や「ヘンゼルとグレーテル」といった昔話やアーサー王の騎士たち、ロビン・フッド、ジークフリートなどの英雄伝説があります。

「神話」はまだ世界の秩序が完成する以前の時代を舞台に、神々や英雄の活躍と行動によってその後の社会の秩序がどう定まったかを語っています。それに対し、「伝説」では神ではない特別な人間が活躍して、人々にどのように利益をもたらしたかが語られます。また「昔話」では主に子供たちに向けて、子供に近い主人公たちが活躍して、社会に認められるという内容が語られ、それを聞いた子供たちに同じように立派な人間になるよう教えるのです。

ストーリー！によって何かの情報をもたらすという点では神話も伝説も昔話も同じだということはお分かりいただけたでしょうか。人間は目的に応じてこれらの物語を使い分けてきたのです。

本書では神話エピソードの持つ意味を理解するために、神話学以外の分野の研究成果を利用していきたいと考えています。そうすることで何か新しいものが見えてくるでしょう。

なお、多くのギリシア神話の本でもそうですが、ギリシア語の長音は、発音しにくい一部の例外を除き、すべて短音にして表記してあります。「アフロディーテー」ではなく「アフロディテ」、「アポローン」ではなく「アポロン」、「ヘーラクレース」ではなく「ヘラクレス」という具合です。また、主要なキャラクターの紹介をする箇所では、名前の紹介の際に、日本語（英語、古代ギリシア語）の順の表記をしています。例えばゼウス（Zeus, Ζεύς）となります。さらに、ギリシア神話に登場する主要なキャラクターを、章ごとの初出でゴシック体にし、最後に索引にまとめています。

第一章　ギリシア神話が生まれた世界とは

それでは他地域の神話と比べつつ、ギリシア神話にはどのような特徴があるかについて、歴史学、地理学、考古学、言語学などの成果を参照しながら、より詳しく述べていきます。

地理と風土

まずギリシアの位置や大きさ、気候などを確認しましょう（24、25ページ地図参照）。二〇一八年の外務省発表の統計ですと、国土の面積は一三万二〇〇〇平方キロメートルで世界では九七位、人口は一一二〇万人で世界では八〇位です。

これを日本と比較してみましょう。日本の面積は三七万八〇〇〇平方キロメートルで世界では六二位、人口は一億二七〇〇万人で世界で一一位です。広さでは日本の三分の一、人口では日本の一〇分の一くらいだということが分かるでしょう。もちろん現代のギリシアと古代ギリシアがまったく同じ広さとはいえないし、人口についても古代はどのくらいいたのかは正確には分かりません。しかし、今とそう変わらず、それほど大きな国でも多くの人口の国でもなかったことは類推できるでしょう。そこで生まれた文化がなぜ現代にまで生き続けているのか、そこには広さや人口の多さでは説明できない別の要素が働いているはずです。

その一つは地形かも知れません。地図を見るとギリシア本土は東地中海にヨーロッパ大陸から突きだしており、さらに先端部は狭いコリント地峡の先がさらにペロポネソス半島になっています。この本土部分は、西はアドリア海を隔ててイタリア半島の南部と向かい合い、東はエーゲ海を隔てて今はトルコになっている小アジア（アナトリア）半島と向かい合っています。エーゲ海には多くの島々があり、また南には大きなクレタ島があるので、エーゲ海はまるで陸地に囲まれた内海のようです。

この点も日本と比較してみましょう。ギリシアには本土の他に周辺の海に多くの島があり、そのうち二二七の島には人が住んでいます。しかし国土の多くは山岳で平野はあまりありません。海に突きだしていることや多くの島々があるために、ギリシアの海岸線は全長一万五〇〇〇キロメートル近くあり、これは地中海地域では最も長く、一国の海岸線としては世界で一一位になるくらいです。

こうした点は日本とよく似ています。日本は国土の七〇パーセントが山岳で、平地は少ないです。また本土を入れた五つの島の他に六八〇〇を超える離島があり、海岸線の長さはほぼ三万キロメートルにものぼり、これは世界で第六位の長さです。国土はあまり広くないし、山がちで、耕作に適した広い平野もない、しかし周囲を海に囲まれていて、海岸線は長いのです。

次に気候です。ギリシアは地中海性気候で冬季は温暖で雨が多く、夏季は高温で乾燥しています。日本はモンスーンの影響で四季がはっきりしていて、多くの地域で比較的温暖です。

こうした地理的および気候的な条件の中でギリシア人は農耕牧畜を営み、麦やオリーヴやぶどうを栽培し、牛や羊や山羊を飼ってきました。しかし山がちな狭い国土では多くの人口を養うことは難しく、古くからギリシア人は航海に出て、あちこちに植民都市を設立し、また商業にも力を入れてきました。日本は大陸の他の地域との距離がギリシアほど近くないため、日常的に植民や商業のために航海を行うことはあまりなく、この点はギリシアと異なっていました。

つまりギリシアは周辺の地域とは海で隔たってはいても、距離的にはそれほど離れておらず、古い時代の小さな帆船でも、陸地伝いあるいは島伝いならば、十分に行き来が可能だったのです。そこは日本と少し異なる点です。

ギリシア神話を育んだ歴史

まずギリシアを中心としてそれ以前に栄えた文明、そしてギリシアの繁栄が衰えた後に代わって有力となった国や地域について、年表を見て確認しておきましょう。

紀元前三〇〇〇年頃　エジプト、メソポタミアの灌漑《かんがい》河川文明
前二〇〇〇~前一四〇〇年頃　ミノス（ミノア）文明
前一四五〇~前一一五〇年頃　ミケーネ（ミュケーネ）文明
前一二〇〇~前九〇〇年頃　海の民の襲来、ギリシアの暗黒時代

前八世紀　ポリス国家の誕生、ホメロスの叙事詩『イリアス』、『オデュッセイア』、ヘシオドス『神統記』、『仕事と日』
前四世紀　マケドニアのアレクサンドロスがギリシア、エジプト、ペルシアを征服、ギリシア文化の広範囲への伝播《でんぱ》、ヘレニズム時代はじまる
前二世紀　ローマの力が強くなり、ギリシアは属州となる。ローマはギリシア文化を取り入れ、ギリシア神話も神々の名前をローマ風に変えられ、ローマ文化の一部となる

ギリシアの周辺では紀元前三〇〇〇年紀からすでにエジプトやメソポタミアのような河川文明が繁栄していました。ギリシアはそうした地域との商業的交流によって進んだ文化を受け取ったのです。それは、日本が中国から刺激を受けて文化を発展させたのと同じです。先述したように周辺地域との交流は、距離的な近さから大変に頻繁であったと考えられるので、ギリシアは日本の場合よりはるかに多くの刺激を周辺の進んだ文明から受けたはずです。

こうした刺激によって、地中海のクレタ島では本土より一足先に文化が発展しました。この島の伝説的王とされる**ミノス**の名をとって、紀元前二〇〇〇年紀にはミノス文明（ミノア文明とも）が花開きます。現在のクレタ島の中心都市イラクリオンの側にはクノッソス宮殿と呼ばれる壮大な遺跡があり、またイラクリオンの博物館にはそこから発掘された見事な品々が展示されています（写真1）。その後、前一六五〇年頃には、本土でも文化が発達し、中心の都市の名を取ってミケーネ（ミュケーネとも）文化と呼ばれました。

写真1　ミノス文明の出土品はクレタ島最大の都市イラクリオンの考古学博物館で展示されている

余談ですが、ギリシア神話の最高神**ゼウス**はクレタ島で生まれたとされています。そしてギリシア神話で最も有名な英雄**ヘラクレス**は、ミケーネ時代のもう一つの中心都市であるアルゴスとの強い繋《つな》がりがあり、またもう一人の英雄の**テセウス**もクレタ島の怪物**ミノタウロス**の退治で有名です。ギリシア神話に登場する神々や英雄は、古代ギリシアのさまざまな地域との結びつきを示すのですが、主要な神や英雄の神話がギリシアの文化の最も古い時期に栄えた地域との結びつきを示すのは、それらがギリシア文化の古い層に由来することを示しているからとも考えられそうです。

しかしこうした海洋的な地形もよいことばかりではありません。自分たちが出かけやすいことは、すなわち敵から襲撃を受けやすいことでもあるからです。事実、前一二〇〇年頃、ミケーネ文化は崩壊し、三〇〇年ほどの間、ギリシアから文化の痕跡である文字の記録がまったく途絶えてしまいます。この時期は暗黒時代と呼ばれますが、その時期が終わるとギリシアはまた新しい発展を示すようになります。この期間に一体なにが起こったのか、正確には分かっていません。そもそもギリシア神話を作ったギリシア人とはどのような民族なのかなど分からない点があるのです。

こうした風土が神話に及ぼした影響についてあらかじめいくつか指摘しておきましょう。海の彼方《かなた》の異世界がテーマになった神話が多いことは、周囲を海に囲まれ、古くから海路で他国と通商したり、他地域への植民活動をしていた事情が反映しているでしょう。神話の舞台はギリシア本土や諸島だけでなく、クレタ島、対岸の小アジア（現在のトルコ）、その奥の黒海沿岸、北では南ロシア、西ではスペイン、南ではアフリカ大陸のエジプトやエチオピアにまで広がっています。ギリシア人の商人、植民者、冒険家、探検家として活動した結果が神話を生み出す原動力となったのでしょう。

スキタイ
コーカサス
コルキス
黒海
コンスタンティノープル
（イスタンブール）
マルマラ海
トロイ
小アジア
（アナトリア半島）
ヒッタイト
レスボス島
キオス島
イオニア
エペンス
サモス島
カメイロス
ロードス島
アモルゴス島
メソポタミア
アッカド
ウガリット
シリア
フェニキア
キプロス島
アラビア
イスラエル
アレクサンドリア
エジプト
シナイ
半島
紅海
0
200km

[古代ギリシアと周辺世界]
メソポタミア文明の範囲
ヒッタイトの範囲
ケルト
エトルリア
イリュリア
アドリア海
ローマ
バルカン半島
トラキア
マケドニア
アプリア
ティレニア海
オリュンポス山
(テッサリア地方)
タソス島
ギリシア
エウボイア島
ペンテリコン山
エーゲ海
テバイ
エレトリア
(スキュラ?)
(カリュブディス?)
イタケ島
デルポイ
コリントス
エトナ火山
ペロポネソス半島
アテネ
オリュンピア
ミケーネ
キクラデス諸島
シラクーサ
シシリア島
アルゴス
スパルタ
マタパン岬
地中海
パロス島
ナクソス島
サントリーニ島
クノッソス
クレタ島
キュレーネ
20°
10°W
0°
10°E
20°
30°
50°
大西洋
イタリア
ギリシア
黒海
同緯度同縮尺の
日本
40°
地中海
30°
0
1000km

第二章　世界のはじまりはどう描かれているか

ギリシア神話にはさまざまな男女の神々の他、山野の精である**ニンフ**や半人半獣の自然の精霊である**サテュロス**、半人半獣の合成動物、怪物、神と人間の間に生まれる英雄、王家の人々など個性豊かな存在が数多く登場します。それらについては以下の章で順次紹介していきますが、まずギリシア人が、世界はどのように作られたと考えてギリシア神話を描いたかを見ていくことにしましょう。

紀元前八世紀の叙事詩人ヘシオドスや紀元前一、二世紀のローマ時代のギリシア人作家アポロドロスが伝える、もっともよく知られている形では、最初に**カオス**（混沌《こんとん》）が出現し、ついで女神である**ガイア**（大地。**ゲー**とも）、大地の底の**タルタロス**、そして万物を動かす力である**エロス**（愛）が生じたとされています。さらにカオスからは男神の**エレボス**（暗黒）と女神の**ニュクス**（夜）が生まれます。エレボスは冥界の闇でニュクスは地上の夜という違いでしょう。そしてエレボスとニュクスの交わりからは男神である**アイテル**（上の天）と女神である**ヘメレ**（下の空）が生じました。
最初は未分化状態だった世界に大地が出現して、そこから明るさと暗さ、上の天と下の空が生まれてほぼ世界のかたちが出来上がったことになっています。また次の世代を儲《もう》けるために男神と女神という異なる性別も生じています。この部分は単に最初の神々の系譜を羅列するだけで、物語の要素はほとんどなく、素っ気ない感じもします。ギリシア神話の大かたが整った後の時代になって、世界の始まりについて何も語っていないのは格好悪いと思って、付け足したためかも知れません。

ティタン族――古い世代の神々

さてここから大地の女神ガイアが本格的に世界を作るために神々を揃《そろ》えることを思いつきます。原則は男神と女神の交わりから新しい神は生まれるので、ガイアは自分のパートナーとなる男神、それも対となる天空神をまず単独で生みます。これが**ウラノス**（天空）です。先に述べた男神のアイテルや女神であるヘメレとの関係はどうなるのか、正直分かりません。そこで先ほど述べたように、物語性の乏しい部分は後になって付け加えられたのかも、と考えるのです。

ガイアはウラノスとの間に山、**ポントス**（海）、世界を取り巻く**オケアノス**（大洋）、男女の神々、奇怪な姿の巨人などを儲けます。ポントスはギリシア人がよく知っていた地中海のような具体的な海です。これに対してオケアノスとは世界をぐるりと取り囲む大きな水の流れで、地上の水は海も川も泉もすべてここの水に由来すると考えられていました。つまり頭の中で考えられた世界像の外側の枠組みとしての水です（英語で海洋の意のオーシャン ocean はオケアノスに由来します）。

これらの神々は総称として**ティタン族**と呼ばれます。英語にはタイタン Titan という「巨人」を意味する語がありますが、これはティタンの英語読みです。それから氷山に衝突して沈没した巨大客船タイタニックの名前もチタンという金属の名称もやはりティタンから採られています。

この他、ティタン族の神としては太陽神**ヘリオス**、月の女神**セメレ**、曙《あけぼの》の女神**エオス**、天空を支える巨人**アトラス**（写真2）などもいます。光と闇の区別が出来た後、今度は具体的な昼夜の区別をする光体としての太陽と月、そして日の出を告げる曙の神々が必要と判断されたのでしょう。またアトラスは、後で述べるティタン族とオリュンポスの神々との戦いでティタン族が敗れたので、罰として天空を担がされているのです。

ガイアの夫ウラノスは、なぜか自分の子どもたちを嫌いました。そこで子どもたちが生まれてくるとすぐに妻のガイアの体内深く閉じ込めてしまうのでした。ガイアは子どもたちのせいで苦しみ呻《うめ》いて、夫に対して怒り、復讐《ふくしゅう》を考えます。そして鎌を作り、末っ子の**クロノス**にその鎌でもって夫の男性器を切り取るように命じたのです。

写真2　天空を支えるアトラス神（ナポリ国立考古学博物館）©Laura / CC BY-SA 4.0

何も知らないウラノスがいつものように妻ガイアと交わろうとすると、ガイアに潜んでいた（これまでの描写から、おそらく母ガイアの性器に潜んでいたというイメージでしょう）クロノスが鋼鉄製の鎌で父ウラノスの性器を切り、背後に投げ捨てます。するとそこから迸《ほとばし》り出た血が大地にしたたり、復讐

図３　ボッティチェリ「ウェヌス（またはヴィーナス）の誕生」は古典文化がルネサンス期に蘇ったことを象徴する作品

の女神たち（エリニュスたち、複数形ならエリニュエス）が生まれます。さらに海に落ちたウラノスの男性器からは泡が立って（精液のイメージでしょうか）、その中から愛と美の女神である**アフロディテ**が生まれたというのです。とても性的な描写と言えるでしょう。そしてウラノスの切断された男性器の血（赤色）からは復讐の女神たちが生じ、精液（白色）からは愛と美の女神が生じたという対照的な構図になっているところも面白いですね。

なお、復讐と愛の併存の構図はヘシオドスに書かれているもので、後代のアポロドロスでは血から復讐の女神たちが生じたとだけあり、泡からのアフロディテの誕生は述べられていません。アフロディテは最高神**ゼウス**と**ディオネ**という女神から生まれたとなっているのです。ルネサンス期イタリア、フィレンツェの画家サンドロ・ボッティチェリ（一四四五～一五一〇）の作品「ウェヌス（またはヴィーナス）の誕生」（一四八五）（図3）が有名なせいか、アフロディテは海の泡から生まれたと漠然と思っている方が多いのではないでしょうか。しかしギリシア神話ではこの有名な愛と美の女神の誕生については必ずしも伝承が一致していなかったのです。その理由については女神の章で説明します。

若い神々の登場――オリュンポスの神々

こうしてウラノスは力を失い、代わってクロノスが王の地位に就きます。クロノスは姉妹の**レイア**を妻としますが、彼が力を奪った父のウラノスは、クロノスもまた生まれてくる子に王の地位を奪われると予言します。そこでクロノスは子供が生まれるとすぐに次々と呑《の》み込んでしまいました。自分のお腹の中に子供を戻されるガイアも大変ですが、生まれた子供が次々と夫に呑み込まれてしまうレイアもひどく悲しみ、何とかして子供の命を救いたいと両親のウラノスとガイアに相談し、ある策略を授けられます。

それは、次に子どもが生まれたらすぐに隠して、代わりに産着に包んだ石を呑み込ませ、子供はクロノスの目の届かないクレタ島の洞窟に隠して密かに育てさせるというものでした。こうして生まれ、父に呑み込まれずに育てられたのが末っ子のゼウスです。

やがてゼウスは成長し、幼年期に父クロノスに追われた経緯を持つ身ゆえ、父と戦おうとしますが、そのためには自分の兄弟たちの助力が欠かせません。そこで知恵の女神**メティス**の示唆によってクロノスに吐き薬を飲ませ、クロノスに呑み込まれていた兄弟・姉妹たちを吐きださせると、彼らとともにクロノスや古い世代のティタン族との戦いを始めたのです。この戦いは**ティタノマキア**と呼ばれます（ティタノ「ティタン族との」＋マキア「戦い」）。

ゼウスたち若い世代の神々、つまり**オリュンポス一二神**とクロノスら古い世代の神々の戦いは一〇年間続き、ほぼ若い神々の勝利が濃厚になったのですが、最後にガイアは**テュポン**という怪物を生みます。テュポンの肩からは一〇〇の竜の頭が生えており、腿《もも》までは人間のようだが、そこから下は巨大な毒蛇で、目からは炎を放っていました。テュポンとゼウスは激しく戦い、はじめはテュポンが勝利して、ゼウスの手足の腱《けん》を切って動けなくして洞窟に幽閉します。しかしゼウスの息子で泥棒の神でもある**ヘルメス**がゼウスの腱を盗み出してゼウスに再び着けさせると、力を回復したゼウスは再度テュポンに戦いを挑み、最後は巨大なエトナ山を投げつけてテュポンを押し潰しました。シシリアのエトナ山は現在も活発に活動をしている活火山ですが、それは下敷きにされたテュポンが吐く炎だというのです。

写真４　オリュンポス山　©stefg74 / CC BY 2.0

若い世代の神々はギリシア北部のテッサリア地方と隣国マケドニアとの国境にあるギリシア最高峰のオリュンポス山（二九一七メートル、写真4）に住むと考えられたのでオリュンポスの神々、あるいは代表的な神の数を取ってオリュンポス一二神と呼ばれたのです。

男女六神ずつですが、神々は永遠に齢を取らないし、複数の異なる神話が神々の誕生を伝えているので、一二神の誕生の順にあまりこだわる必要はありません。

ヘシオドスの『神統記』に従えば、最初に生まれたとされるのは愛の女神アフロディテです。そして大地女神ガイアとクロノスの間にはまず竈《かまど》の女神**ヘスティア**、穀物の女神**デメテル**、後にゼウスの妃《きさき》となる結婚の女神**ヘラ**、冥界の王となる**ハデス**、海と地震の神**ポセイドン**、そしてゼウスの順で生まれています。ただしこのうち、ハデスは冥界に住んでいるので、オリュンポス一二神には入っていません。ここまでで六神です。ここにゼウスが生んだ知恵の女神**アテナ**、ゼウスとヘラの子で鍛冶屋《かじや》の神の**ヘパイストス**、戦の神の**アレス**、ゼウスと**レト**の子の弓矢と予言の神**アポロン**と山野の狩猟の女神**アルテミス**の男女の双子神、ゼウスと**マイア**の子で伝令と交通の神**ヘルメス**の六神が加わったのが、普通オリュンポス一二神とされています。

◇**コラム　新旧の神々の争い**

なぜ古い神々と新しい神々が戦うのでしょうか？　正直、私にも明快な答えはありません。しかし、世界の神話を眺めてみると、古い神々と新しい神々の戦い、あるいは異なる二つの神群の戦いの神話は珍しくありません。古代オリエントのアッカドの創世神話「エヌマ・エリシュ」ではマルドクに率いられた若い神々が水の女神ティアマトに率いられた古い神々と戦って勝利し世界を創造しますし、インド神話では神々デーヴァと悪神アスラが対立しています。またアイスランドに伝わる北欧神話でもアースとヴァンという二つの神群が原初戦っています。現実の世界では戦いが不可避だったので、それを神話という物語の形にしたのかも知れません。現代でも戦いはゲームや囲碁や将棋やチェスといった娯楽やオリンピックのようなスポーツ競技に姿を変えて続いていますよね。

天上の王権

このようにギリシア神話ではウラノス、クロノス、ゼウスと三代にわたって親子で王者・支配者の地位が入れ替わっています。これは普通「天上の王権」という名前で呼ばれていますが、実はこれとそっくりな王権の交替の神話がギリシアの隣国であるヒッタイト（現在のトルコ）で発見されています。ヒッタイトは紀元前一六世紀から紀元前一二世紀まで栄えていた王国です。

・ヒッタイトの神話、クマルビのエピソード

はじめ天の王はアラルでした。しかし、九年後、アラルに仕えていたアヌがアラルに戦いを挑み、勝利して、代わってアヌが王座に就きます。しかしまたその九年後、アヌに仕えていたクマルビがアヌに戦いを挑み、勝利します。アヌは天に逃げようとしますが、クマルビはアヌの足を捕えて引きずり降ろして、その陰部に嚙《か》みつき、アヌの精液を飲み込んでしまいます。するとクマルビの体内のその精液からは、天候神テシュブを始めとする三人の神が生じました。クマルビは天候神以外の二人の神は吐きだせたのですが、天候神はクマルビの中に留まります。（出典「クマルビ神話」（轟《とどろき》俊二郎訳）『古代オリエント集』〈筑摩世界文學大系Ｉ〉所収）

この神話が記された粘土板は損傷が激しく、今紹介したのは全体の四分の一に過ぎません。そして結末部分も欠けています。しかし、これだけでもギリシア神話の「天上の王権」神話との類似は明らかでしょう。欠けている結末部分ではおそらく天候神テシュブがクマルビの体内から出て、クマルビに戦いを挑んで勝利し、王座に就くとなっていたのでしょう。

この神話はヒッタイト語で書かれ、ヒッタイト王国の図書館から発見されていますが、本来はヒッタイト人の神話ではなく、フルリ（フリとも）人という古代メソポタミアにいた謎の民族のもので、それがヒッタイト人に伝わり、さらにはギリシア人に伝わったと言われています。

・テュポンとウルリクムミ

ヒッタイトの神話ではギリシア神話のゼウスに相当する最終的な勝者は天候神テシュブです。だとすればギリシア神話のクロノスに相当するのがクマルビとなります。クマルビはテシュブに王座を奪われた後も、王座を取り返そうとして怪物を作り出します。

それがウルリクムミです。それは天に届くほどの巨人でした。テシュブは武器の雷撃で攻撃しますが、まったく効きません。そこでテシュブは知恵の神エアの助言を受けて、かつて天と地を切り離した時に使われた刃物を借りてきて、それを使ってウルリクムミの足を切り落とします。そして天候神は最終的な王者となるのです。このエピソードはゼウスとテュポンの戦いとよく似ています。こちらもおそらく「天上の王権」神話の一部として伝わったのでしょう。

◇コラム　王権と神話

はじめに述べたようにギリシアは山がちの小国で、ギリシア語にはアナクスとかバシレウスという「王」を意味する単語はありますが、王国といってもその実態はせいぜい一〇〇〇人単位の人口を支配する程度であったと思われます。だからこそ外の世界から王権をめぐる争いの神話が伝えられた時、その話の枠組みを採用して、ゼウスが最終的に神々の王になるという「天上の王権」神話を自分たちでも作ったのでしょう。

ホメロスが叙事詩『イリアス』で詠《うた》ったのは、今のトルコがある小アジア（アナトリア）半島の都市国家トロイとギリシアの戦いでした。トロイという町があったことは有名なシュリーマンの発掘でも知られています。ただトロイに住んでいたのがどんな人たちだったのかは不確実です。ヒッタイト人だったのかも知れませんし、そうでなかったかも知れません。しかし戦いであったとしても（あるいは戦う前は平和に通商していたかも知れません）ヒッタイトのあった小アジアとギリシアは隣国でした。ヒッタイトは世界で最初に鉄の加工に成功し、鉄製の武器によって大帝国を作ったとされていますから、彼らには実質的な王がいたし、王権の争いもあったでしょう。ギリシアは強大な王権をもつ隣国から王権の神話を学んで自分たちの最高神についての神話にも活用したのです。ヒッタイトが滅んだ後、ギリシア人は小アジア半島に進出し、とくに沿岸部はイオニア地方と呼ばれて、たくさんのギリシア人都市が作られました。しかしそれは「天上の王権」神話が完成した後のことなのです。

旧約聖書との比較もしておきましょう。旧約聖書にも王の起源の話があります（サムエル記上）。イスラエル民族は最初、王を知りませんでした。いたのは神の言葉を受けて人々に伝え、そして導くアブラハムやモーセのような族長たちです。しかしエジプトやアッカドという周りの強国には王がいるのを見聞すると、イスラエルにも王をという声が人々の間から高まりました。そこでまずサウルが王に即位し、その後もダビデ、ソロモンという王たちが続きます。ギリシアやイスラエルのような小国は、制度も神話も外部のより進んだ地域から取り入れる傾向が強いようです。

神々と人間

先にも挙げたように、ゼウスをはじめとする若い神々は古い神の一団であるティタン族に勝利した後、オリュンポスの山に住まいを構えたことから、オリュンポスの神々と呼ばれるようになります。また、代表的な神は一二人だったので、オリュンポス一二神とも呼ばれます。

当然、ティタン族の神々は自分たちの権力を奪ったオリュンポスの神々を快く思っていません。その中でももっともゼウスに反抗的だったのが、**プロメテウス**でした。プロメテウスという名前は「先に考える者」という意味で、知恵者を意味します。これに対してあとで登場するその弟の**エピメテウス**の名は「後から考える者」という意味で、知恵が回らない者を意味します。

まずプロメテウスと人間の関係について考えましょう。人間はいつ、だれによって創造されたとギリシア神話は言っているかですが、実はそれをはっきり述べているテキストはないのです。たとえばヘシオドスの『仕事と日』には以下にも述べる「五時代の説話」というエピソードがありますが、「神々がお作りになった」としか言われておらず、男女の区別も述べられていません（ただし以下に出てくる「最初の女パンドラ」の話もヘシオドスは伝えているので、ここでパンドラに先立って作られたのは男のみと考えられていたようです）。どの神がどのようなやり方で最初の人間（おそらく男のみ）を創造したのかをもっとはっきり語る神話があったかどうかは不明です。

この問題を考えるためにも、少し遠回りかも知れませんが、まずは古い神々の一族に属するプロメテウスがゼウスに対抗するために人間を自分の味方につけようとする神話について見ていきましょう。

プロメテウスはまずゼウスに対して、人間が神々に犠牲《いけにえ》として捧《ささ》げる家畜をどのように神と人間で分配したらよいか決めようと持ちかけます。そして人間に有利になるように、骨は見た目のよい脂身で包んで、肉と内臓は見た目の悪い皮に包んでゼウスに対して神々はどちらを取るかと選択させます。ゼウスは脂身を選択したので、神々は骨と脂身を受け取るようになり、人間は内臓と肉と皮を受け取るようになったというのです。

この欺《あざむ》きに怒ったゼウスは人間のもとから火を奪いました。折角の肉も焼いて食べられないのです。するとプロメテウスは天上の火を盗み出して、それを大ウイキョウという中が空洞の植物の中に隠して人間たちにもたらし、再び地上で火が使えるようにしたのです。

またしてもプロメテウスに出し抜かれたゼウスは、プロメテウスを捕えると、当時のギリシア人の知識では世界の東の果てと考えられていた、今の南ロシアのコーカサス地

図5　アトラスとプロメテウス。プロメテウスはゼウスの送るワシに啄まれている（陶器、紀元前6世紀、バチカン市国美術館）©Mark Cartwright / CC BY 3.0

方の山に縛りつけ、毎日自分の聖鳥であるワシを遣わして、プロメテウスの肝臓を生きたまま啄《ついば》ませて、苦しみを与えました。プロメテウスの肝臓は夜の間に再び蘇生《そせい》するので、彼の苦しみは英雄**ヘラクレス**が救出してくれるまで終わることがありませんでした。

さてこうして見ると、プロメテウスは人間の側に立ち、人間のためになるようにと思って行動しているようですが、必ずしも結果はそうなっていませんね。私はゼウス、プロメテウス、人間というここでの三者を巡る神話の背景には古代オリエント（メソポタミア）神話があると推測しています。そもそも人間は何の目的で創られたのでしょう。ギリシア神話にはそれが欠けているのです。

その点、古代オリエント神話は明快です。シュメールの「人間の創造」やアッカドの「エヌマ・エリシュ」などの神話では人間は神々の仕事を肩代わりしたり食事を捧げたりする召使い的な存在として粘土から創られたと書かれています。

もしこうした神話がギリシアにも伝わっていたとしたら、人間はゼウスをはじめとするオリュンポスの神々に食事としての家畜を捧げる役割のために創られたと考えられます。するとゼウスに刃向うプロメテウスはこの人間たちを自分の側につかせることでゼウスと戦おうとしたという見方が出てきます。

プロメテウスの属する古い神々の一族ティタン族は力では若いオリュンポスの神々に敗れました。しかしプロメテウスは、今度は知恵でゼウスを出しぬき、人間に有利な条件を結ばせ、人間の支持を得てゼウスと戦おうとしたのではないでしょうか。そこでゼウスはプロメテウスに対抗するために人間を困らせたのではないでしょうか。

こうしたプロメテウスと人間の結びつきの強さを感じてか、ヒュギヌスの『ファビュラエ（ギリシア神話集）』という名前で伝わる紀元二世紀にラテン語で書かれた書物では、人間はプロメテウスが泥から作り上げたとなっていますし、同じく紀元前後のローマの詩人オウィディウスの『変身物語』でも同じく人間はプロメテウスが泥をこねて作ったとなっています。しかしヒュギヌスもオウィディウスのどちらも何の目的でプロメテウスは人間を作ったか書いていません。人間を創造したのをゼウスとプロメテウスのいずれと考えるかで、ギリシア神話における人間の位置づけはだいぶ異なってくるでしょう。

最初の女性パンドラ

ゼウスは人間たちに対してさらに新しい罰を与えようとします。そのために女性を作ったというのです。それまで人間には男しかいませんでした。ゼウスの命令で鍛冶屋の神のヘパイストスは土と水をこね合わせて、生命力を吹き込んで、女神に似た美しい姿の生き物を作りました。しかし泥棒の神でもある**ヘルメス**はこれまたゼウスの命令で、この美しい生き物に「いやしい犬の心と不誠実な性格」を入れたというのです。この人類=男を苦しめるためにゼウスが作った「美しい悪」(ギリシア語でカロス・カコンと韻を踏んでいます)には「すべての神々からの贈り物」という意味の**パンドラ**という名前がつけられ、プロメテウスの弟のエピメテウスに与えられました。前に述べたようにエピメテウスという名は「後から考える者」という意味で知恵が回らないことを暗示しています。兄のプロメテウスがゼウスからの贈り物には用心するようにと忠告していたにもかかわらず、エピメテウスは美しいパンドラを贈られて大喜びして妻に迎えました。

ヘシオドスは、それまで男しかいなかった時代には、男つまり人間は植物のように大地から生えてきていたと伝えています。しかしこの時から男たちは女性と交わって子孫を残すようになったというのです。男しかいなかった時代には、食物は自然に大地から

図6　パンドラの創造。上段正面向きがパンドラ（陶器、紀元前6世紀、大英博物館）

生じていたので、働く必要はありませんでした。しかし女性そして子供がいると男たちは大地を耕して妻子を養わなければならなくなったのです。女性が出現し、男は女性と結婚して性の交わりをして子孫を残すようになる。それと同時に大地を耕して食物を得るという労働が発生し、また同時に老いと死も発生しました。これこそがゼウスの狙いだったのでしょう。

それまでの人間は労働しないし老いたり死んだりしない、神に近い存在でした。しかしパンドラという最初の女性を受け入れた後では人間＝男は女性のために苦しむようになった、というのが最初の女性パンドラについての神話のメッセージなのです。もちろん、こうした神話の作り手は男に決まっていますね。

・イブとの比較

そしてこの話は、実は旧約聖書の冒頭の創世記に見られる楽園・エデンの園と最初の人間**アダム**と**イブ**の話とまったく同じだと気づかれた方も多いでしょう。神ヤハウェは世界を創造しますが、楽園を作り、そこに最初の人間のアダムとイブを住まわせます。しかし二人は蛇に唆されて、神の命令に背いて、園の中央にあって神から食べることを禁じられていた知恵の実を取って食べてしまいます。神は命令に背いた二人を楽園から追放します。「失楽園」という語は、本来この場面を指しています。楽園では二人は子供のようで裸でいても恥ずかしさを知りませんでした。また園には食べ物がいくらでもあって、二人は労働も知りませんでした。しかし楽園を追放されたのち、アダムは大地を耕して食物を得て、イブと交わって子孫を残しました。そして老いて、死ぬようになったのです。

このように酷似していることから類推するとおそらくギリシア神話のパンドラの話も

旧約聖書のアダムとイブの話もオリエントの神話が伝わったものと考えられそうですが、実は古代オリエントには両方の話の元になるものは見つかっていません。しかしあったと想定すべきです。ギリシアの神話がヘブライ人に伝わったとも、その逆の方向で伝わることも考えられません。ギリシアと古代イスラエル、これら二つの小国がエジプトとアッカドといった周辺の大国抜きで交流したという記録も可能性もないのです。女性の創造とその結果としての労働、老い、死が発生したと語るオリエントの神話がいつか必ず見つかると私は信じています。

・パンドラの箱

なおパンドラについてはイブにはないエピソードも伝えられています。それが「パンドラの箱」です。この表現は「もろもろの困難を生み出す源」という意味で現在は使われていますが、ギリシア神話では箱ではなくて甕《かめ》（壺《つぼ》）でした。後に容器として甕より箱が多く使われるようになったため、言い方が変えられたのです。

先に見たように、男たちだけの時代には病気も労働も苦しみも死もありませんでした。

実はそうした禍《わざわい》はすべて甕に閉じ込めてあったからです。その甕はエピメテウスのところにあったようです。パンドラは好奇心から甕の蓋を開けてしまいます。すると閉じ込められていたあらゆるものが飛び出してきて、それ以来、人間は病に苦しみ、労働し、死ぬようになったというのです。パンドラは慌てて蓋を閉じましたが、一つだけ甕の中に留まったのが希望だったというのです。その意味については、だから人間は苦しいばかりで希望もないという説と、いや、どんなに苦しくとも希望がつねにともにあると考えるという説の二つがあって、定まっていません。

★

最初に、ギリシアは海洋に囲まれた風土にあって古くから交易活動が盛んであったと指摘しましたが、ギリシア神話の多くの部分にはギリシア以外に元になる神話があり、ギリシア人はそうしたさまざまな出自を持つ外来の神話を組み合わせてオリジナルな自分たちの神話を作り上げてきたといえそうです。

さて日本の場合はどうでしょう。近隣に大国があり、周囲を海で囲まれている地理的な環境はギリシアと共通ですから、おそらく日本の場合も海を越えて伝わってきた神話があったと思われます。事実、支配者が卵や赤子の姿で天上の神々の世界から地上に下ってくる神話は、韓半島《かんはんとう》（朝鮮半島）から日本に伝わってきましたし、花のような姫と岩のような姫を同時に与えられるが岩の方を返した結果、永遠の生命を獲得するのに失敗する神話は、中国南部から日本とインドネシアの両方に伝わったもののようです。

人間――五つの時代

これまで紹介してきた世界の始まりや神々の戦い、そして最初の女性パンドラ出現の神話などを伝えているのは紀元前八世紀の詩人ヘシオドスです。彼の主な作品は神々の出現とその役割を述べる『神統記』と、自分の弟に人間としてあるべき姿を、神話を引用しながら教え諭す教訓叙事詩である『仕事と日』の二つですが、パンドラ出現についてはいずれの作品でも述べられていて、微妙な違いもあって両方を比較して読むと面白いでしょう。二つのなかでより人間の問題にウェイトがかかっている『仕事と日』では、パンドラに引き続いて、あらためて最初の人間の時代からヘシオドスの時代までの五つの時代の変遷について、つまり「五時代の説話」も述べられています。しかしパンドラという女性の出現の神話に続く部分であるにもかかわらず、人間として意識されているのは男たちだけです。その理由は以下で明らかになります。

この「五時代の説話」によれば、神々によって最初に作られた人間は**黄金の種族**です。彼らが作られたのは「クロノスがまだ天上に君臨していた」時代、つまりまだゼウスが父に代わって神々の王になる前のティタン族優勢の時代とされています。パンドラはゼウスの命令で作られた最初の女性ですから、それ以前のクロノスの時代に作られた黄金の種族はすべて男性のみでしょう。彼らは「悩みもなく、労苦も悲嘆も知らず、神々と異なることなく」暮らしていたし、「老年が訪れることもなく」、「豊かな耕地はひとりでに溢《あふ》れるほどの実りをもたらした」とされています。しかし彼らはゼウスによって地上から消し去られます。理由については述べられていません。もっとも殺害されたのではなく、後の世代の人間たちの守護者とされたとなっています。

次に作られたのは「遥《はる》かに劣る」**銀の種族**です。彼らは姿も心も黄金の種族とは似ても似つかぬもので、暴力的で神々への生贄《いけにえ》の捧げものもしようとはしなかったため、ゼウスによって滅ぼされてしまいます。もっともこの種族も地下に住み、「至福なる人間」と呼ばれて、一定の栄誉は受けていると書かれています。

ついでゼウスは第三の種族である**青銅の種族**を作ります。彼らは戦いと暴力に明け暮れる種族であったとされています。彼らはとねりこの木から作られたとなっていますが、元々とねりこの木は槍《やり》の柄に用いられたようで、そのため戦闘好きの種族の素材とされているのでしょう。彼らは普通の人間とは異なり、「穀物を口にせず」、冷酷で、両肩からは無敵の強腕が生えていて、扱う武器も住んでいる家も青銅製であったとされます（彼らの時代にはまだ鉄はなかったと付言されています）。彼らの終わりについては二説があります。一つはヘシオドスの伝えるもので、彼らは互いに殺しあって滅んだとされています。もう一つはアポロドロスが伝えるもので、ゼウスが洪水を起こして滅ぼしたとされています。この洪水神話については、後に別項目として述べることにします。

さて、青銅の種族に次いでゼウスが作った第四の種族は、「高貴なる」「半神と呼ばれる」**英雄の種族**でした。彼らもまた互いに戦って滅んでしまいます。しかし彼らの中には神々に選ばれ永遠の生命を与えられ、世界の果ての「至福者の島」に住んでいる者がいるといわれます。

そして最後にゼウスによって作られたとされるのがヘシオドス自身もその一員であると述べる第五の**鉄の種族**です。ヘシオドスはこの種族もまた辛《つら》い人生を送っていると嘆いています。

・五つの時代の構成

この五種族の構成を見ると、金属の種族だけではなく、英雄という異質なカテゴリーが入っていて、バランスが崩れているのが分かります。金属だけなら金、銀、青銅、鉄となり、それなりにまとまっています。そこに後から英雄の種族を加えたのでしょう。そう考える理由はこれに近い複数の時代の変化がローマの詩人オウィディウスの神話詩『変身物語』に見られるからです。そこでは「四つの時代」となっていて、黄金の時代、銀の時代、銅の時代、鉄の時代となっています。

ヘシオドスの『仕事と日』は紀元前八世紀頃の作品でオウィディウス（紀元前四三―紀元一七年頃）の『変身物語』は紀元前後の作品ですから、ヘシオドスの方が圧倒的に古いのです。しかしこの時代の区分で不自然なのはヘシオドスの方でしょう。おそらく、金・銀・銅・鉄と価値が次第に下がる四種類の金属によって、だんだん悪くなる種族という時代区分を示すというのが元の構成だったのですが、英雄の種族がいないのはおかしいと感じた人物（それがヘシオドスであったのかは不明です）がそれを後から加えたのでしょう。ホメロスによるトロイ（またはトロイア）戦争の描写を見れば、英雄たちの武器は鉄ではなく青銅なので、英雄の種族がいたなら、それは青銅の種族と鉄の種族の間になるはずです。

四種の金属による種族、時代の区分はおそらくギリシアのものでもローマのものでもなく、外来の神話に由来するようです。イランのゾロアスター教典では教祖ゾロアスター（ザラトゥシュトラ）が金、銀、鋼、鉄鉱石の四つの枝のついた木を見て、唯一神アフラ・マズダーからそれらが四つの時代を表していると教えられています。

また、イラン思想の影響を受けているとされる旧約聖書の外典の「ダニエル書」には、バビロンの王ネブカドネザルの捕虜となった予言者ダニエルが、王の見た夢の読み解きをする有名な場面がありますが、王の夢には頭が黄金、両腕が銀、腹と股が青銅、脛《すね》が鉄、足の一部が鉄という巨大な像が現われます。ダニエルは、黄金の頭がネブカドネザル王を表し、その他の金属の体の部分は後に興る王国を表していて、次第に悪い時代となっていくと解き明かしています。次の洪水神話の場合でもそうなのですが、オリエントの神話がギリシア神話や旧約聖書に同じように伝えられていることは珍しくないので、本来は四つの金属の種族あるいは時代の神話であったと考えてよいでしょう。

洪水神話

もう一つ、オリエントからのテーマとされるのが大洪水です。アポロドロスは乱暴な青銅の種族を滅ぼすためにゼウスが大洪水を起こしたとしています。オウィディウスの『変身物語』ではユピテル（ローマ神話でゼウスに相当する最高神）が鉄の種族の悪さに愛想を尽かして洪水で滅ぼそうとしており、対象となる種族の違いはありますが、基本的に同じで、最高神が洪水によって人類を滅ぼそうとする神話です。

ゼウスの好敵手であるティタン族のプロメテウスには**デウカリオン**という息子がいました。またプロメテウスの弟で最初の女性パンドラを娶《めと》ったエピメテウスには**ピュルラ**という娘がいました。そのデウカリオンとピュルラは結婚していました。

プロメテウスはゼウスが洪水によって人類を滅ぼそうとしていることを察知します。そして息子夫婦に箱船を作って必要なものを積み込んで洪水を生き延びるように命じます。こうして二人を乗せた箱船は九日九夜、水上を漂った後、水が引くとパルナッソス山の頂に流れ着きます。人類はデウカリオンとピュルラだけを残して滅んでしまいました。二人だけになって途方にくれ、彼らはゼウスに供犠《くぎ》をして、新しい人間を与えてくれるようにと助けを乞います。するとゼウスは、石を拾って頭越しに後ろに投げるように命じます。二人がそうするとデウカリオンの投げた石は男に、ピュルラの投げた石は女になって、こうして地上には再び人間が増えたというのです。

神による大洪水、選ばれた者が箱船に乗って助かるという神話がオリエントに古くからあることはよく知られています。シュメールの「洪水神話」、アッカドの「ギルガメシュ叙事詩」や「アトラ・ハシース物語」などです。そしてこれらの話のいずれか、あるいはすべてが西方に伝わり、一方ではギリシア神話となり、もう一方では旧約聖書の「創世記」に見られる「ノアの箱船」になったのでしょう。

ただし、石を投げると人間になるという部分はギリシア神話のオリジナルです。ギリシア語では石（ラアス、laas）と人（ラオス、laos）の音が似ているので、こうしたエピソードが生まれたと思われるからです。

◇コラム　神の人間に対する態度

プロメテウスとエピメテウスは古い神々のティタン族のはずなのに、その子のデウカリオンとピュルラは人間なのかと思われた方もいるでしょう。たしかに彼らにはティタン族の血が流れていますから百パーセント人間とはいえないでしょう。しかし彼らは人間の味方であったプロメテウスの子孫です。彼らがゼウスによって洪水で滅ぼされた人間の復活も願うのは当然でしょう。

するとまた、人間を洪水で滅ぼしたゼウスに新しい人間の誕生を求め、ゼウスがそれを可能にしたという部分もおかしいではないか、と思う人もいるかも知れません。しかしオリエントの洪水神話では、人間を滅ぼそうとするのは神々で、彼らは生き残った人間が家畜の捧げものをするとその香りに誘われて集まって来て、再び人間が増えることを受け入れますし、旧約聖書のノアの箱船のエピソードでも神ヤハウェは、最初は人間たちの堕落ぶりに怒って滅ぼそうとしますが、洪水が引いてからノアの捧げものを受けると、二度と洪水は起こさないと誓い、その約束のしるしとして空に自分の弓を置いたと記されています（弓は英語ならボー（bow）で、雨の後に出現するのがレインボーつまり「虹」です）。現代人の論理感覚で神話に首尾一貫性を求めても、それは時にないものねだりとなります。人間自体そしてその化身としての神々が矛盾する行動をとる存在であるということをギリシア神話が伝えている、と考えてもよいかも知れません。

ギリシア神話とローマ神話

先に示した年表のように、ギリシアは紀元前二世紀に独立を失い、ローマの属州となります。するとローマ人はギリシア文化を熱心に学び、上流階級は子供にギリシア人奴隷の家庭教師をつけてギリシア語やギリシア文化を学ばせ、自分たちもギリシア語で会話したり文章を書いたりするようになりました。昔、摂関政治の時代の日本で、貴族たちが中国文化に憧れて、漢文で詩を書いたのと似ています。

こうしてギリシア神話もローマに入りました。しかしローマにもそれ以前から神々への崇拝はありましたから、古いローマの神々と外来のギリシアの神々をどのように共存させるかが問題となりました。しかし現実的なローマ人はこの問題を読み替えによって解決しました。つまり自分たちの神々とギリシアの神々は名前が違っているだけで同じ神々だというのです。そこで似たような分野を所轄するギリシアの神は同じようなローマの神の名前で呼ばれ、神話自体はギリシア神話のままで受容されたのです。先ほども名前を出した紀元前後の時代のローマの詩人オウィディウスが著した『変身物語』では、神々はみなローマの名前（ユピテル、ユノ）ですが、物語自体はギリシアのゼウスやヘラのものです。

同じようなことは仏教が導入された日本でも起こりました。日本には古くからの土着の神々が知られていましたが、そこに仏教が入ってきました。その時、争いを避けるためにローマの場合と同じように日本の神と仏教の仏を同じ存在でただ国が違うから別の姿になっているだけだという「本地垂迹説《ほんじすいじやくせつ》」という説明をしたのです。その結果、日本ではいまでも神道の神々と仏教の仏がともに争わずに祀《まつ》られているのです。

以下の章では個別のギリシアの神々についての説明をしていきますが、その前にティタン族とオリュンポスの神々がローマではどういう名前で呼ばれていたかの対照表を記しておきます。また芸術作品や星座や最近の商品名やキャラクター名でギリシア神話の神々や英雄や怪物の名前が用いられる時には英語名の形が多いので、英語形も添えておきます。さらに天体になっている場合には、それもカッコで加えておきました。なお、ローマ神話に対応する神が見当たらない場合にはギリシア神話の神名がそのまま使われたので、その場合は特に取り上げていません。

〈ティタン族の神々〉　（ギリシア名＝ローマ名＝英語名（天体名））

ウラノス（天王星）
クロノス＝サトゥルヌス＝サターン（土星）
ヘリオス＝ソル＝サン（太陽）
オケアノス＝オケアヌス＝オーシャン
ガイア＝テルラ＝アース（地球）

〈オリュンポスの男神〉

ゼウス＝ユピテル＝ジュピター（木星）

ポセイドン＝ネプトゥヌス＝ネプチューン（海王星）

ハデス＝プルト＝プルト（冥王星）

アポロン＝アポロ＝アポロ

ディオニュソス＝リベル＝バッカス

ヘルメス＝メルクリウス＝マーキュリー（水星）

アレス＝マルス＝マーズ（火星）

ヘパイストス＝ウゥルカヌス＝ヴァルカン

〈オリュンポスの女神〉

アテナ＝ミネルウァ＝ミネルヴァ

ヘラ＝ユノ＝ジュノ

デメテル＝ケレス＝セリーズ

アフロディテ＝ウェヌス＝ヴィーナス（金星）

アルテミス＝ディアナ＝ダイアナ
ペルセポネ＝プロセルピナ＝パーセファニー
ニケ＝ウィクトリア＝ナイキ
ヘスティア＝ウェスタ＝ヴェスタ
エオス＝アウロラ＝オーロラ
セレネ＝ルナ＝ルナ
ムーサ＝ムーサ＝ミューズ

〈英雄〉

ヘラクレス＝ヘルクルス＝ハーキュリーズ
アキレウス＝アキレス＝アキリーズ
オデュッセウス＝ウリクセス＝ユリシーズ
オイディプス＝オエディプス＝エディプス

第三章　ゼウスと男神たち

それでは前章で名前を出した男神として、**ゼウス**、**アポロン**、**ポセイドン**、**ハデス**、**ヘルメス**、**アレス**、**ヘパイストス**、**ディオニュソス**などについてより詳しく紹介します。そしてこれらの神々がそれぞれ世界のどのような側面や要素を代表しているのかも検討します。

ゼウス（Zeus, Ζεύς）

ゼウス（写真7）はティタン族の王**クロノス**とその姉にして妻の**レイア**との間に生まれた、天空神にして最高神です。同じ「輝く天空」という意味の名前を持つ他のインド＝ヨーロッパ語族の神々としては、インドのディアウス、ローマのユピテル、そして北欧のチュールがいます。つまりこれらの地域の人々が移動して現在の地域に至る以前、彼らがまだ同じ南ロシアの草原地域に住んでいた古いインド＝ヨーロッパ語族の共住期

写真７　ゼウス像（パリ、ルーブル美術館）

（紀元前三〇〇〇～紀元前二〇〇〇年紀）にはすでにゼウスの前身である天空神が存在していたらしいのです。他の地域の天空神の名前と比較すると、この天空神の最初の名前はおそらくディエウ（Dyeu-）であったろうと思われます。

ゼウスの兄弟で世界の他の領域を分け合ったとされている海の神ポセイドンと冥界の神ハデスはゼウスよりも年長なのに（ゼウスは父親クロノスの最後の子ですから一番年下です）、神話では冥界のハデスはほとんど物語られず、ポセイドンもゼウスに比べるとあまり重要な役割を演じていません。一人ゼウスがオリュンポスの神々のリーダーとして他の神々をしたがえ、また多くの女神や**ニンフ**や人間世界の王家の女性と交わって、神々や英雄たちの父親となっています。三人兄弟の中で末っ子が一番偉くなるというのは昔話でもお馴染《なじ》みの筋書です。そして天空神というのは海の神よりも冥界の神よりも地位が高いというのは、日本神話でも三貴子と呼ばれているイザナギの子のうち、天空を支配するアマテラスが、海を支配するスサノオよりも、夜の世界を支配するツクヨミよりも位が高いことからも納得できるでしょう。

・恋多きゼウス

ゼウスは恋多き神としても有名です。正妻は姉であるヘラで、彼女との間の子には軍神アレスや鍛冶屋《かじや》の神へパイストスがいます。しかしこの正式の結婚の前にゼウスはすでに別の女神たちに子供を産ませています。最初に彼が目をつけて強引に交わったのは思慮の女神**メティス**です。そして生まれたのが知恵の女神**アテナ**です。次に掟《おきて》の女神**テミス**と交わり、そこから季節の女神たち**ホーライ**、運命の女神たち**モイライ**が生まれます。そしてようやくヘラと結婚するのですが、その後もゼウスは浮気を続け、ヘラが相手の女性や生まれてきた子供に対して怒りを向けて迫害して苦しめるという話が続きます。面白いのはゼウスが相手に近づくのに白鳥や牡牛《おうし》などさまざまに姿を変えていることです。

女神たちとの恋愛は以下のようです。

・ティタン族の女神**エウリュノメ**との間には美と優雅の女神たちである**カリテス（カリスたち）**が生まれます。

・同じくティタン族の記憶の女神である**ムネモシュネ**とは九夜交わり、知的活動の九人の女神たち**ムーサイ（ムーサたち**、英語のミューズたち）が生まれます。それぞれの名前と監督する分野は以下のようです。

①**カリオペ**　叙事詩
②**クレイオ**（英語ではクリオ）　歴史
③**エウテルペ**　抒情詩《じょじょう》
④**タレイア**　喜劇
⑤**メルポメネ**　悲劇
⑥**テレプシコラ**　合唱隊抒情詩と踊り

⑦**エラト**　独吟抒情詩
⑧**ポリュヒュムニア**　讃歌《さんか》
⑨**ウラニア**　天文

・同じくティタン族の女神**マイア**からは神々の伝令役ヘルメスが生まれます。
・同じくティタン族の女神**レト**からは牧畜と予言の神アポロンと狩猟と貞潔の神**アルテミス**という男女双子の神々が生まれます。
・姉である**デメテル**には**ペルセポネ**を産ませています。
・アルテミスに付き従うニンフであった**カリスト**に近づく際には、なんと女神アルテミスに変装します。カリストはヘラによって、あるいはアルテミスによって熊に姿を変えられ、**アルカス**という子を産みます。なおこの話の続きは天体と星座の神話の個所で行います。

人間の女性が恋愛の対象の場合は王の妻や王女が狙われています。
・ティリュンス王の妻**アルクメネ**に恋したゼウスは彼女の夫の旅行中に夫の姿に変

身して訪れ、太陽神に命じて一夜の長さを三倍に延ばさせてアルクメネと交わりました。そこから生まれたのがギリシア最大の英雄**ヘラクレス**です。

・スパルタ王の妻であった**レダ**のもとにゼウスは白鳥の姿で訪れ、彼女に卵を生ませ、その中からは絶世の美女**ヘレネ**やその姉妹**クリュタイムネストラ**、そして双子の男神**ディオスクロイ**らが生まれます。

・**アルゴス王**の娘**ダナエ**は青銅の搭に閉じ込められていましたが、ゼウスは黄金の雨となって侵入して交わりました。その結果、怪物**メドゥーサ**を退治する英雄の**ペルセウス**が生まれました。

・テバイの王女**セメレ**はゼウスの子を身ごもりますが、ヘラの嫉妬のために騙《だま》されて焼け死んでしまいます。するとゼウスはセメレの胎内からディオニュソスを取り出し、自らの太ももに縫い込んで育てました。

こうしてみると、ゼウスの子だくさんとは最高神が世界の秩序を作っていくという神話の表現なのだと思われます。知恵や季節や運命やさまざまな技芸・芸術は世界の秩序だった運行に欠かせません。また王家の妻や娘との間に子供が生まれているというのも、人間の側から見れば、自分の家系が最高神ゼウスに由来すると主張したい人々が意図的に自分の祖先とゼウスを結びつけた結果とも考えられるでしょう。つまり各地それぞれの王家がゼウスとの血縁関係の神話を有していたため、後の時代に諸地方の神話が集められて整理された時には、最高神ゼウスはあちこちの王家に子供を授けたという具合になったのでしょう。

図８　ヘンドリック・ホルツィウス「ピュトンを射殺するアポロン」

アポロン（Apollon, Ἀπόλλων）

アポロンは女神アルテミスと双子で、ゼウスと女神レトから生まれています。若く美しい神とされ、アルテミスもそうですが弓矢が得意です。竪《たて》琴《ごと》も上手《うま》く、学芸の女神であるムーサたちのリーダーでもあります。神託で名高い聖地デルポイも彼が支配しています。しかし暗い半面も持っていて、怒らせると疫病をもたらす死の矢を放ちます。

あまり恋愛には恵まれず、恋したニンフの**ダプネ**には拒絶され、彼女はアポロンから逃れるために月桂樹《げっけいじゅ》に姿を変えてしまいます。また同性愛の相手だった**ヒュアキントス**にも死なれてしまいます。

後の時代になると、姉のアルテミスが夜や月と結びつけられ、アポロンは昼と太陽に結びつけられるようになりました。そのため「フォイボス（輝けるもの）」という称号をつけて呼ばれて、後の時代には太陽神と同一視されるようにもなりました。

ギリシア神話に登場する伝説的民族である**ヒュペルボレイオス人**は、「ヒュペル（～の彼方《かなた》）」と「ボレアス（北風を司《つかさど》る神）」が名前の由来になり、極北の地に住むとされます。アポロンは生まれると白鳥の牽《ひ》く戦車に乗ってこの極北の民のところに留まっていたと言われているのです。

そしてその後、アポロンはギリシア全土に神託を下すことで名高かった聖地デルポイを訪れます。デルポイにははじめ大地の女神**ガイア**の子である大蛇**ピュトン**（Python、いまでも英語ではこの語がパイソンという発音で大蛇の意味で使われている）がいましたが、アポロンは矢で大蛇を射殺して（図８）この地を自分のものとし、そこに神託所を開きます（写真９）。神託はアポロンの女神官**ピュティア**によって告げられました。ちなみにデルポイで告げられる神託は神話にも登場し、神や人の運命を左右しました。それは謎めいたものだったようで、悲劇「オイディプス王」の主人公オイディプスは神託を誤解して、自ら破滅の道を進んでしまいます。

写真９　デルポイの神託所　

ポセイドン（Poseidon, Ποσειδῶν）

ポセイドンは海の神でゼウスの兄です。手には三又の鉾《ほこ》を持つとされています。彼は海の神と同時に地震の神です。エーゲ海のサントリーニ島（ティーラ島）は、かつてはもっと大きかったのですが、紀元前一五〇〇年頃に大噴火を起こし、島の中央部が吹き飛んでしまい、現在のような形になりました。この大噴火のため、ギリシア本土にも大津波が押し寄せました。こうした経験の記憶から、ポセイドンは海と津波と地震という三つの要素を支配すると考えられるようになったのかも知れません。この神について有名な神話は、一つは女神アテナとの争い、そしてもう一つは英雄**オデュッセウス**への迫害です。

神々はそれぞれ守護する地域が決まっているものなのですが、今のギリシアの首都のアテネのあるアッティカ地方については、二人の神が名乗りを上げました。一人はポセイドン、そしてもう一人は女神アテナです。ポセイドンはこの地への贈り物として今のアテネの丘アクロポリスを三つ又の鉾で突き、泉を湧き出させました。しかし残念なことにそれは飲むことのできない塩水だったのです。これに対してアテナはオリーヴの木を贈りました。オリーヴは日差しの強いギリシアにあって涼しい木陰を提供するだけでなく、その実は食べられるし、油も搾れます。また木自体が家具の材料にも燃料にもなる、とても大切なものです。人々は満場一致でアテナの方に軍配を上げ、町は女神の名をつけてアテナイ（「アテネの子たちの住む場所」）と呼ばれるようになりました。

ポセイドンの子の一人は額に一つだけ目がある怪物の**ポリュペモス**です。「一つ目」はギリシア語では**キュクロプス**というので、ポリュペモスはしばしばキュクロプスとも呼ばれています。彼は地中海の島に住んでいましたが、そこにトロイ戦争から故郷に帰ろうとしていたオデュッセウスの一行がたどり着き、ポリュペモスの住んでいる洞窟に入っていきます。そこでどういうことが起こったかについては英雄の章のオデュッセウスの個所を読んでください。

とにかくオデュッセウスのせいで息子が目を潰されてしまったため、それ以降、ポセイドンはオデュッセウスを憎み、彼の故郷への航海をたえず妨害して苦しめるようになります。

知恵の英雄オデュッセウスは知恵の女神アテナの最もお気に入りの英雄です。その両者ともがポセイドンと対立しているのは興味深いですね。前にも述べたようにゼウスは天上界、兄弟のポセイドンとハデスはそれぞれ海の世界と地下の世界を分割して統治していますが、ゼウスとその娘アテナには数多くの神話があるのに、ゼウスの兄弟のポセイドンとハデスは神話ではどうもあまり評価されていないようです。

海洋民族で地中海各地に植民都市を持っていたギリシア人にとって海は重要なはずで、海洋神ポセイドンはもっと神話でも褒め称えられてよいと感じるのではないでしょうか。

写真10　このポセイドン像は1928年にエウボイア地方北部のアルテミシオン岬沖の海底から発見された。同じく博物館に展示されている馬に乗った少年像も同じ時に発見された

写真11　トレビ（トレヴィ）とは「三叉路」の意味で、ローマ時代から噴水（泉）があったが、現在のような姿になったのは18世紀とされる

しかし、海はつねに穏やかではありません。風や波が強すぎてもだめですし、逆に風が吹かなくても船は動けなくなり困ります。海流も進行方向なら進むのを助けてくれますが、反対方向なら逆に進行の妨げになってしまいます。さらにポセイドンは海だけでなく地震や津波の神でもありました。地震やそれによって引き起こされる津波はもちろん困りものですし、海自体も生活に欠かせないけれども危険に満ちたものでもあったのです。ポセイドンが神話であまり好意的に取り上げられていないのも理解できる気がしませんか。

ポセイドンの姿でもっとも有名なのはアテネの国立考古学博物館にあるブロンズ像です（写真10）。なおポセイドンはローマに伝わると、水の神であったネプトゥヌス（英語ではネプチューン）と同一視されました。ローマ市内にある観光名所のトレビ（トレヴィ）の泉の彫刻群で中央に立っているのがネプトゥヌスすなわちポセイドンです（写真11）。

図12　ハデスとペルセポネ（陶器、紀元前5世紀、大英博物館）　©Marie-Lan Nguyen / Wikimedia Commons / CC-BY 2.5

ハデス（Hades, Ἅιδης）

ハデスはゼウスの兄で冥界の王です。ゼウスとデメテルの娘である**ペルセポネ**を誘拐して妻にします（図12）。死者の世界はもちろん必要ですが、冥界は神話でもあまり人気のある場所ではないので、ハデスが神話に登場することは少ないのでしょう。

詩人にして音楽家のオルフェウスが亡くなった妻のエウリュディケを連れ戻すために冥界を訪れてその音楽によってハデスとその妻の女神ペルセポネを感動させ、妻を冥界から連れ出す許可を得た話（第四章）や、英雄ヘラクレスに与えられた一二の課題の最後の一つが冥界の番犬のケルベロスを地上に連れてくることだったので、そのために冥界にやって来たヘラクレスに連れ出す許可を与えた話（第五章）くらいしか登場しませんし、そもそもハデスは主役ではありません。

ヘルメス（Hermes, Ἑρμῆς）

ヘルメスはゼウスの息子で母親はニンフの**マイア**です。生まれた時から悪知恵が働き、赤ん坊なのに揺りかごから抜け出してアポロンの飼っていた牛の群れを盗み出します。そして犯人とされないように牛に靴を前後反対に履かせて足跡での追跡を妨げようとします。しかしもちろん、アポロンは予言の神ですから、すぐにこれを見破ります。ヘルメスは、最初はシラを切りますが、無駄だと分かると態度を変えて、亀の甲羅から作った竪琴《たてごと》をアポロンに進呈するという買収によって罪を免れようとします。これも悪知恵の一例です。

しかし見方を変えれば、世界中のあらゆるものは神々の監督下にあるのだから、泥棒の神がいてもおかしくないでしょう。

図13　ヘルメス（陶器、紀元前５世紀、ニューヨーク、メトロポリタン美術館）

それにギリシア人の考え方では、泥棒＝盗みは物が移動することの一部分で、ヘルメスは盗みだけでなく、「移動」全般を監督する神とされていたのです。したがって、ヘルメスは現代風にいえば「コミュニケーション」や「交通」の神で、メッセージを伝える伝令、商品の流通を行う商業の神でもあるのです。この中には死者の魂を死後の世界に導く「魂の導師（サイコポンポス）」の役割も含まれます。ヘルメスは地上での人と物流の水平方向の移動だけでなく、天上と地上と冥界との垂直の移動も監督する神でした。

ヘルメスは手に伝令のしるしの杖《つえ》カドゥケスを持ち、旅人がかぶる帽子、翼のついたサンダルを履いた姿で表されます（図13）。フランスの高級ファッションメーカーのエルメスはヘルメスから名前をつけています（フランス語では頭のHは発音しないので、エルメスとなります）。エルメスは、昔は旅行鞄《かばん》を作っていました。移動のために必要な商品を作っていたのでヘルメスから名前をもらったのでしょう。また商売人を養成することを主眼として設立された商業大学（商大）の校章には商売の神でもあるヘルメスの伝令の杖があしらわれていることがあります。

ディオニュソス（Dionysos, Διόνυσος）

ディオニュソスはゼウスの息子で、母親はテバイの国の王女セメレです。ここでもゼウスの妃《きさき》ヘラが嫉妬して、変装してセメレに近づき、ゼウスの本当の姿を見るように唆します。しかしゼウスの本当の姿は雷電なので、セメレは全身を焼かれて落命してしまいます。その時、彼女はすでにお腹にディオニュソスを懐妊していました。ゼウスはお腹の子どもだけでも救おうとセメレの胎内からディオニュソスを取りだし、自分の太ももに縫い込みました。そして月満ちてディオニュソスは父親から生まれるのです。このようにディオニュソスは母親を知らず、父親ゼウスから生まれたとされています。女神アテナが父親ゼウスの額から生まれたのと似ていますね。父から生まれるという異常な生誕をしているのは、ギリシア神話でもアテナとディオニュソスだけです。こうした特異な誕生の仕方は、アテナとディオニュソスがオリュンポスの神々の中でも重要な存在として位置づけられていることを示しているのでしょう。

ディオニュソスも他のゼウスの子と同様にヘラから迫害を受けます。彼もそして彼の

図14　ディオニュソス（陶器、紀元前6世紀、ロンドン、大英博物館）

育ての親のニンフたちもヘラによって狂気に追いやられ、ディオニュソスは各地を経由してインドまで放浪します。やがて古代アナトリア（現在のトルコ）の国の一つプリュギアで癒されると、自らも狂気を操れるようになります。そして放浪の旅からギリシアに戻ってきてブドウ栽培とワイン造りを広めます。そこでディオニュソスは「酩酊《めいてい》」を意味するあだ名のバッコス（ギリシア語）やバッカス（ラテン語）でも呼ばれています（図14）。

・非日常の神

ディオニュソスは特定の地域や神殿に縛られず、自由に山野を往来し、日常生活の束縛から解放する神であり、そして同じく陶酔感（エクスタシー）をもたらすワインの作り方を人間に教えてくれた神でした。そのため、やがて永遠の生命を約束する密儀宗教

（オルフィック教）の神ともされ、また仮面を着けて演じるギリシア悲劇や喜劇の神ともされていきます。普段は行かない山野での集会は日常生活からの解放ですし、酒による酩酊、正体を隠す仮面、仮面を着けて演じられるかつての王国時代の悲劇やあり得ない社会状況を設定する喜劇、狂気、陶酔感、普段の生活では抑圧されている無意識の解放など、ディオニュソスについての神話や儀礼に見られるさまざまな要素は深いところで見事につながっています。紀元前五世紀の悲劇作家エウリピデスの『バッコスの信女たち』には、日常的には男性に従属している女性たちがディオニュソスに魅せられて、狂乱（オルギア）状態になって家を飛び出して、山野をさ迷い、獣を捕えて生きたまま引き裂いて喰《く》らいつつ陶酔しているという有名な場面がありますが、実際にそうした行為がどれだけ行われていたかは疑問にしても、ディオニュソスが与えると信じられていた非日常性の力がよく感じ取れるでしょう。

アポロンが聖地や神託と結びついた正統派の神であるのと対照的に、ディオニュソスは放浪や非日常や陶酔と結びついています。一九世紀のドイツの哲学者フリードリッヒ・ニーチェが『悲劇の誕生』という著書において、ギリシア精神の二つの様相をアポロン型とディオニュソス型に分けましたが、彼はおそらく精神の意識的で理知的・秩序を代表する側面をアポロンと、そして精神の無意識的で情動的・混沌《こんとん》の側面をディオニュソスと直観で命名したのでしょう。

神たちの役割とは

神は全能で唯一の存在であるというキリスト教やイスラームやユダヤ教のような一神教の信者からすると、それぞれ異なる専門領域をもった複数の神々を崇拝する古代ギリシアの多神教は、デパート（一神教）と個人商店（多神教）のような違いがあって、遅れていると思うのかも知れません。しかし、これまで述べてきたように、ギリシアの神々とは、ふだんはあまり気づかれていない異なる活動の共通点をある領域としてまとめて理解するために生み出された存在にも見えます。たとえば冥界への案内人（ツアー・コンダクター）と伝令（メッセンジャー）と泥棒と商人を「コミュニケーション」、「交通」という同じ領域に属する活動として理解して、それをヘルメスという神の姿や神話で表現しています。またディオニュソスは外来の神とされ、酒と演劇と狂気と日常からの解放（＝非日常への誘い）の神ともされますが、それらはみな公的・秩序・男性中心の世界とは異なっているという点で共通しています。どれだけ意識的かあるいは無意識的かは分かりませんが、ギリシア神話の神々はおそらく、このように世界を考えるためのシステムの一環を担う存在として生み出されてきたし、維持されてきたのでしょう。

ギリシア神話の世界と一神教の世界はどちらがより進んでいるというのではなく、異なるシステムと考えた方がよいかも知れません。古代の人々は、それぞれ自分たちにとって使いやすいシステムを選択していたのです。

第四章　女神たち、ニンフ、女性——豊饒と生命の象徴

ギリシア神話には**アテナ**、**ヘラ**、**アルテミス**、**アフロディテ**、**デメテル**といったよく知られている女神がたくさんいます。これは実は神話の世界では珍しいことなのです。たとえば日本神話の女神を思い出してください。アマテラス、イザナミ、オオゲツヒメ、アメノウズメと挙げられる人はそれほど多くないでしょう。インド神話なら、ゲルマン神話なら、ケルト神話ならどうでしょう。挙げられる女神の数はもっと少ないはずです。

今、ギリシアの女神としてまず五人挙げましたが、もちろんそれだけではなく、これまでの章には**ガイア**、**ニュクス**、**テティス**、**メティス**、**ペルセポネ**などの名前も出てきました。さらに竈《かまど》の女神**ヘスティア**、勝利の女神**ニケ**、正義の女神**テミス**などもいます。

なぜ女神がこれほど多いかを考えることはギリシア神話の特徴を考える手がかりになるでしょう。しかし女性が大事にされていたからなど、安直に結論づけないでください。

実際のギリシアの女性が置かれていた状況は決して良くはなかったのです。神話は現実の単純な反映ではありません。もちろん男女によって違いはありますが、女性や女神に関しては、むしろ現実にはない姿の方が多いと感じます。

さて本章では、女神を、その次には一ランク下に位置付けられている**ニンフ**（山野の精霊）から**ダプネ**、**エコー**なども紹介します（**キルケ**と**カリュプソ**については第六章の「アブノーマルなものたち」で紹介します）。そして最後に**メデイア**、**ナウシカア**などの人間の女性にも言及します。

前の章では男の神々だけだったのに、なぜこの章ではニンフとか人間の女性も紹介するのか疑問に思われたでしょうか。それは男神とくに**ゼウス**は女神以外にもニンフや人間の女性とも交わり、その結果として半神半人の英雄たちが生まれるからです。ギリシア神話は英雄なしには成り立ちませんから、個々の英雄については次章で別個に取り上げますが、男神の相手となるニンフや人間の女性という存在も重要なので、ここで説明しておきます。

アテナ（Athena, Ἀθηνᾶ）

アテナは戦闘と知恵の女神です（図15）。戦闘女神であることは彼女がつねに兜《かぶと》と鎧《よろい》を着け、手には盾と槍《やり》を持っている姿で表現されていることからも分かるでしょう（図15）。知恵については外面からは分かりませんが、それはアテナの特異な生まれ方についての神話が説明しています。彼女はゼウスの娘です。ゼウスは知恵の女神であるメティスを妻にしますが、ガイアと**ウラノス**からは、メティスから生まれる男神はゼウスの地位を奪うと予言を受けます（第二章の「天上の王権」の個所を参照）。ゼウスがこの予言を知った時、メティスはすでに妊娠していました。予言は最初に生まれてくるのは女神だが、次は男神だと告げていたのです。そこでゼウスは驚くべき行動に出ました。父の**クロノス**がしたのと同様に妻であるメティスを呑《の》み込んだのです。こうして呑み込まれた知恵の女神メティスはゼウスの体内に留まることになり、ゼウスは知恵を手に入れました。メティスはゼウスと一体化したので、もはやメティスから父神を凌《しの》ぐ男神が生まれる心配はなくなったのです。そしてメティスが妊娠していた女神がアテナとしてゼウスから誕生するのです。

しかし男神ゼウスには産道はありませんから、月満ちて生まれることになったアテナはゼウスの体内を巡って最後には頭に至りました。知恵の女神の子ですから知恵の宿る頭部から出ようとしたのでしょう。このためひどい頭痛に悩まされたゼウスは、鍛冶屋《かじや》の神**ヘパイストス**に頼んで額を斧《おの》で割ってもらいました。そこからは完全武装した姿のアテナが飛び出したのです。こうして彼女は母親を知らず、父親から生まれました。

図15　アテナ（陶器、紀元前５世紀、ヴァチカン市国、ヴァチカン美術館）　©Marie-Lan Nguyen / Wikimedia Commons / CC-BY 2.5

そんな訳でアテナはとても男っぽい女神なのです。彼女は男の職分とされる戦闘の女神であり、英雄たちの庇護者《ひごしゃ》です。しかし彼女の戦闘との関わり方はもう一人の戦神である**アレス**とは異なっています。アレスは戦場の暴力の権化そのもので、残酷で暴力的です。アテナはこれとは対照的に知恵の女神ですから、策略によってスマートに勝利することを理想とします。だから、アテナが最も気に入っている英雄は知将と呼ばれるオデュッセウスなのです。

・処女母神

アテナには**パルテノン**という尊称があります。パルテノンは「乙女、少女」とともに「処女、未婚の女性」を意味するギリシア語です。現在のギリシアの首都アテネの砦《とりで》アクロポリスにある世界遺産として有名なパルテノン神殿（写真16）は、「処女」アテナに捧《ささ》げられた神殿ですから「パルテノン神殿」と呼ばれているのです。またアテネという都市は、ギリシア語ではアテナイという複数形で呼ばれていました（その名残で、英語では今もアセンズ、Athensと複数形です）。アテナが守護する都市であり、「アテナの子どもたち（の都市）」という意味で、アテネの複数形のアテナイという名前だったのです。しかしアテナは処女のはずです。なぜアテネの市民たちは自分たちを「アテネの子どもたち」と自称できたのでしょう。

これについては奇妙な神話があります。アテナは新しい鎧を作ってもらうために鍛冶屋の神ヘパイストスの工房を訪れます。ヘパイストスの妻はアフロディテなのですが、彼女は戦の神のアレスを愛人にしていて、夫を無視しています。アテナがやってきて、欲情したヘパイストスは彼女を強姦《ごうかん》しようとしますが、抵抗され、精液がアテナの太ももにかかっただけで未遂に終わります。アテナはその精液を羊の毛で拭い取り大地に捨てますが、これによって大地が受胎して男の子が生まれるのです。アテナはこの子を自分の子として育て、**エリクトニオス**と名づけ、アテナイの王にしました。通俗的な説明ではエリクトニオスという名前はエリス「羊毛」とクトニオス「大地の」の組み合わせとされています。

写真16　パルテノン神殿

神話はある目的のために作られます。アテナイの市民は、自分たちはアテナの子であると主張したかったのでしょう。しかし女神は処女とされています。そこで女神が処女のままで自分たちの祖先の母となったと

いうストーリーを作ったと思われるのです

こうした「処女母神」の神話は世界の他の地域にもあります。キリストの母のマリアは処女懐妊したとなっていますし、仏教の開祖の釈迦《シヤカ》の場合も、母親の麻耶夫人《まやぶにん》（マーヤー）は白象が体内に入る夢を見て受胎し、ネパールのルンビニー園で散歩をしている時に右脇腹から出産したとされています。日本神話の主神アマテラスもスサノオと持ち物を交換して、そこから子供を生じさせています。つまり性的な交わりなしに処女のままで、天皇家の祖先となるオシホミミを自らの子としたとなっているのです。

もちろん、処女のまま母親になるのは現実には不可能なことですが、しかし、なぜ世界の多くの地域でこれほど処女のまま母になる神話があるのかといえば、物語の語り手である男たちがそういう神話を望んだからでしょう。

ローマのバチカン市国の教会は、イエスの弟子であった聖ペテロが殉教した場所に建てられたので、サン・ピエトロ（イタリア語で「聖ペテロ」）大聖堂と呼ばれていますが、中に入ってすぐ右手の奥にミケランジェロが作ったイエスの亡骸《なきがら》を抱く母マリアの像があります。一四九八年から一五〇〇年にかけて作られたと言われています。このタイプの像のことを普通「ピエタ」と呼ぶので、この作品自体は「サン・ピエトロのピエタ」と呼ばれています。素晴らしい出来栄えで、これがミケランジェロまだ二〇代前半の時の作品というのは驚きですが、イエスの亡骸を抱くマリアがイエスよりも若いくらいに造形されていることも驚きです（写真17）。英語ではピエタ像はthe virgin and child（処女と子）と題されることが普通です。気になってさまざまなマリア像を見ると、どれもみな、たとえイエスの母としてでも若い乙女の姿であることに気付くでしょう。

写真17　ローマ市のバチカン市国のサンピエトロ大聖堂に置かれている、ミケランジェロ作の「イエスの亡骸を抱くマリア像（ピエタ）」

これと同様に、神話の女神や女性はしばしば男にとっての願望や不安が形をとったものなのでしょう。憧れれば美しい姿となり、怖れられ、嫌悪されれば怪物の姿となるのです。

ヘラ（Hera, Ἥρα）

ヘラは最高神ゼウスの妃《きさき》です。先述したようにゼウスと同じ親から生まれている姉です。結婚制度の守護女神ですが、夫のゼウスは浮気者なので、大抵いつも、夫の不貞を怒っていて、夫の相手をした女神や女性（実は多くの場合、自らは望んでいないので、「相手をさせられた」というべきなのですが）、そしてそこから産まれた子供を迫害します。迫害されたとして有名なのは、アポロンとアルテミスの母である**レト**、ディオニュソスとその母である**セメレ**、**ヘラクレス**などです。これらの神々や英雄についてはそれぞれの個所で説明します。

図18　ヘラとプロメテウス（陶器、紀元前５世紀、パリ、フランス国立図書館）

まずゼウスとヘラの子供たち、主に軍神アレスと鍛冶屋神ヘパイストスのことを述べましょう。ただし、ヘパイストスについては異説もあります。先にも述べたようにゼウスは単独で女神アテナを産んでいます。ヘラはこれに立腹して自らも一人でヘパイストスを産んだというのです。

神話を読む限り、ゼウスとヘラの家庭はあまり円満とはいえません。ゼウスは息子アレスを嫌っています。それはアレスが凶暴で乱暴者で戦場の狂気を体現している軍神だからです。娘アテナも同じく戦争の守護神ですが、アテナはなにせ母親が知恵の女神メティスですから、アレスよりずっと知的で洗練されていて、また自分自身から生まれたこともあってゼウスは断然アテナがお気に入りなのです。アレスはゼウスの嫡子なのに粗暴さゆえに他の神々からも嫌われています。

ヘパイストスもあまり愛されていません。彼は生まれたとき醜かったので、母のヘラに嫌われて、天から海中に投げ落とされ、海の洞窟で海の女神テティス（英雄**アキレウス**の母です）に育てられたとか、いやゼウスに天上から投げ棄てられたとか、いずれにしても彼はうとまれ投げ落とされたせいで足が不自由になり、捨て子として育ちます。その後成長して鍛冶屋の神となったヘパイストスは魔法の椅子を作り母ヘラに贈ります。ヘラが坐《すわ》ると彼女は動けなくなり、仕方なくヘパイストスを天上に連れ戻してきて、ようやく椅子から自由にしてもらえます。

こうしてヘパイストスはオリュンポスの神々の一員となり、神々の住まいをはじめとして最初の女性パンドラやアキレウスの武具といった特別な品々も作りだします。こうした功績によるのか、あるいはゼウスの息子という血統のゆえか、ヘパイストスにはなんと愛と美の女神であるアフロディテが妻として与えられます。ところが彼女は、細工の腕前は優れているが見かけがよくないヘパイストスが気に入りません。そしてなんとヘパイストスの兄弟で、みんなに嫌われているが、ルックスは良いアレスを愛人にしてしまいます。

狭いオリュンポスの神々の世界ですから、ほどなくヘパイストスは妻の浮気を知ることになります。すると彼は見えない網を作り、それを寝台にかけておきます。アフロディテとアレスが睦《むつ》み合っていると二人はこの網にかかって釣り上げられてしまいます。ヘパイストスは神々を呼び集め、裸の二人の様子を見せて恥をかかせて罰したと『オデュッセイア』の第八書（二六六―三六六行）は伝えています。

◇コラム　神話の不合理をどう読む

結婚制度の守護女神がなぜ自分の夫に浮気をされ続けるという神話を持っているのかという疑問を持たれる方もいるかも知れません。女神の神話を含め、ギリシア神話を作ったのはもちろん権力を持っていた一部の男性支配者層でした。ですから、彼らの意向が神話の価値観に強く反映したと思われます。

こうした男性グループ支配層は、少年への同性愛やヘタイライという高級娼婦《しょうふ》との交わりといった性的な奔放さを楽しむことも可能でした。もちろん彼らも結婚制度は重んじました。財産の相続のためにも子孫の血統を確実にすることは必要だったからです。

しかしいつの時代も制度と実態とは別物です。制度は重んじるが、実際には妻以外のところに快楽を求めたのでしょう。神話と現実を混同してはいけないし、神話は現実の反映ではないのですが、男たちの描く女性像については、神話を通して推理することが可能かも知れません。

写真19　アルテミス像。パリのルーブル美術館所蔵。ローマ時代の彫刻

アルテミス（Artemis, Ἄρτεμις）

前章でも述べたようにアルテミスはアポロンとの双子でゼウスの娘です。処女のままであることもゼウスの娘であるアテナと同じです。しかしアテナが母親ではなくゼウス自身の額から生まれたためか父親べったりであるのとは異なり、アルテミスは父親とは疎遠です。いや、むしろ結婚、出産、子育てという女性的とされる社会的活動を嫌い、自然の中での自由な暮らしを愛するのです。

彼女はキトンという短い衣を着て、弓矢を持ち、彼女を慕う山野の精ニンフたちを引き連れて、森で狩りを楽しむ狩猟と純潔の女神です。従うニンフたちも処女ばかりです。ニンフの一人が**カリスト**で、後にふれる星にまつわる神話では、彼女は後におおぐま座として天上に上げられたとされています。

普通、アルテミスは清らかな乙女の姿で表現されていますが（写真19）、**エペソス**（エフェソスとも）のアルテミスという特別な姿でも知られています。エペソスは現在のトルコにある小アジア半島でエーゲ海に面したギリシア人の都市ですが（現在の名はエペソ）、ここで崇拝されていたアルテミスは胴体に沢山の袋や動物の頭が飾られた、美しいとは言い難い、ややグロテスクな姿で表現されているのです（写真20）。

写真20　ギリシア時代にはエペソス（エフェソス）と呼ばれていた現トルコのエペソ出土のアルテミス像

山野を支配領域として獣たちを管理する女神はギリシア語でポトニア・テロンと呼ばれます。「獣たちの女主人」という意味です。このタイプの女神はギリシア以外の地域でも知られています。日本の「山の神」は男性と女性と二種類が知られています。そして日本の女神の山の神は別名「山姥《やまんば》」と呼ばれ、恐ろしい老女の姿をイメージさせることが多いです。ロシアの民話に出てくる森の妖怪のババ・ヤガも恐ろしい妖怪の姿だし、山野の獣の女主人という存在は恐ろしい姿の方がむしろ一般的なのです。若い美しい処女の姿のアルテミスの方がむしろギリシア風の新しいアレンジであって、エペソスの方がむしろ本来の姿に近いのかも知れません。

ギリシア神話では神々は人間の姿の理想化であるとする考え方が一般的なようです。神々を若く美しい姿でイメージする傾向の最たるものがこのアルテミスの場合なのかも知れません。

・お産の女神

山野の大地は鳥や獣が住み、それらが育つ場所です。したがって人々にとっては山野を支配する女神アルテミスが鳥や獣を与えてくれる女神でした。生まれてきた雛《ひな》や幼獣の成長を見守るのもアルテミスです。そこから彼女は人間の子供の誕生や成長も守護する産婆女神ともされるようになります。彼女自身は処女女神で結婚もしていないし、ましてや出産もしていないのに、山野の生命を育《はぐく》む女神という性格から産婆の役割も担うようになったのでしょう。

この点については別の説明も可能です。子供とはまだ一人前の人間になる以前の自然に近い存在と見なされていました。つまり一人前の人間の世界であるポリス国家にはまだ完全には属さないのです。ギリシア人にとって文化的に一人前になる以前の自然に近い存在である子供を守護するのは、山野の女神アルテミスと思われたのでしょう。ですから、結婚する年齢を迎えた少女たちの成人する儀式が行われたのはアルテミスの神域でした。彼女たちはアルテミスが所轄する山野・野生の状態を離れて、大人の女として結婚し家庭をもつアフロディテやヘラの世界に入っていくのです。結婚以前の領域と同一視される山野の守護女神は当然結婚せず子供も持たないわけで、アルテミスは処女神のままでありつづけるのです。

・怒りの恐ろしさ

アルテミスは怒ってカリストを熊に変えます。ヘラはゼウスの恋の相手やその女性から生まれた子に対して怒って迫害します。アテナも自分に挑んだ**アラクネ**に対して怒り、彼女を蜘蛛《くも》に変えてしまいます。どこの神話の神々もそうかも知れませんが、つねに人間に優しい神々はまれで、神々のルールを逸脱した場合には激しい怒りによる罰が下されるのです。この怒りと罰がことのほか激しいのがアルテミスとその双子の兄であるアポロンの場合です。

アポロンについてはトロイ戦争でギリシアの軍勢に疫病の矢を放ち、全軍を苦しめたとされています。また音楽の技の勝負を挑んだサテュロスの**マルシュアス**に対しては、生きたまま皮を剝ぐという残酷な刑を科しました。狩人の**アクタイオン**は狩りの途中、偶然（とされています）泉で水浴中のアルテミスの全裸を見たために、鹿に変えられ、さらに自分の猟犬たちに食い殺されてしまいます。また**ニオベ**という女性は七男七女と子沢山で、つい高慢になって、自分の方がアポロンとアルテミスの二人の子供しかいない女神のレトより偉いと自慢します。レトはこれを侮辱と受け止め、アポロンとアルテミスに対してニオベへの報復を求めます。そして二神は、それぞれがニオベの男子と女子をすべて射殺してしまいます。すべての子を失ったニオベは悲しみのあまり泣き続けてついには石に化してしまったとされます。

アフロディテ（Aphrodite, Ἀφροδίτη）

アフロディテ（写真21）の誕生の神話についてはすでに第二章の「世界のはじまりはどう描かれているか」で述べました。切り取られたウラノスの男性器が海に投げ込まれ、そこから生じた泡の中から生まれたというのです（ギリシア語で泡をアフロスというので、そこから女神の名前がついたというのは、民間語源説でしょう）。ヘラが単独でヘパイストスを産んだとか、ゼウスがアテナやディオニュソスを産んだというのと同じで、両性の交わりなしに男性器

写真21　アフロディテ（ミロのヴィーナス）（パリ、ルーブル美術館）

（とその泡）から単性生殖によって生まれたという考え方です。

アフロディテの崇拝が最も盛んだったのは、現在もギリシアとトルコが帰属をめぐって紛争しているキプロス島でした。彼女は性愛と美の女神ですが、同じような性格の女神は古代オリエントにおいても知られていて、アフロディテはその系譜に連なり、ギリシア神話には外部から伝えられたと考えられています。同じような性愛と美の女神としては、シュメールのイナンナ、アッカドのイシュタル、シリアのアシュタルテなどがいます。

彼女の非ギリシア出自をうかがわせるもう一つの手がかりはトロイ戦争の物語です。トロイ戦争はギリシアの美女**ヘレネ**が小アジア半島（今のトルコ）にあった都市国家トロイの王子**パリス**に誘拐され、彼女を取り戻すために起こされた戦争です。パリスがヘレネを誘拐するのを助けたのはアフロディテだし、彼女は戦争の間、一貫してギリシアの敵であるトロイ側の味方をするのです。

またアフロディテはトロイの近隣の国の王であった**アンキセス**を見初め、女神と知られないよう変装して彼と交わり、息子**アイネイアス**（ローマの言語であるラテン語ではアエネアス）を儲《もう》けています。アイネイアスはトロイ軍に加わり活躍しますが、トロイが陥落すると父と息子と共に脱出して西に向かって航海し、イタリア半島に到着して後のローマの礎《いしずえ》を築くのです。ローマの神話ではアフロディテはイタリアの女神ウェヌスと同一視され、この女神を祖先とするユリウス家からは紀元前一世紀の有名な政治家・軍人であるユリウス・カエサル（英語ではジュリアス・シーザー）やその甥《おい》で初代のローマ皇帝であるアウグストゥス（紀元前六三―紀元一四年）が出たので、アフロディテはギリシアだけでなくローマにおいても崇拝されました。

ローマ人はギリシアの文化に憧れ、多くの事柄を学びました。日本人が中国から多くを学んで文化を発展させて国家を建設したのと同じ状況です。しかし自分たちの祖先はギリシア人ではなく、もっと別の、同じくらい偉大な民であってほしいという願望もあったのでしょう。そうした願いを叶《かな》えてくれる理想的な神話の英雄がアイネイアスでした。最後には敗れたがギリシアと対等に戦ったトロイの英雄が自分たちの国の礎を据えた女神アフロディテの子であるというのは何と素敵なことでしょう。アフロディテはギリシアでは、夫のことを構わず浮気をし、外国の王子がギリシア女性を誘拐するのを手助けし、ギリシアと外国の戦争では外国側の味方をし、そして外国の男性との間に子供を儲けるといった、どちらかといえば外様《とざま》的な位置づけです。しかし最初のところで述べたように、アフロディテはギリシアに女神になる以前、オリエントでイナンナ、イシュタル、アシュタルテという名前で崇拝されていた愛と美の女神の系譜を受け継いでいるのです。そうした彼女の出自を考えるなら、外様としての状態も納得できるでしょう。しかし、後の時代にギリシアに代わってローマが地中海世界の覇者となると、アフロディテは新しいウェヌスという名のもとにローマの名門の祖先神として生き続けたのです。

デメテル（Demeter, Δημήτηρ）

デメテル（写真22）もゼウスの姉です。彼女の名前はおそらく大地（ゲー）と母（マテル、メテル）の組み合わせで「大地母神」でしょう。小麦を中心とした穀物の生育を司《つかさど》る女神です。彼女はゼウスとの間に一人娘ペルセポネ（単に**コレ**〈乙女の意〉と呼ばれることもあります）がいます。冥界の王の**ハデス**はゼウスの兄弟ですが妻がおらず、ペルセポネを見初《みそ》めると、ゼウスに妻として求め、ゼウスはそれを認めます。政略結婚だったのかも知れません。

ペルセポネが仲間の少女と野原で花を摘んでいると突然、戦車に乗ったハデスが地中から出現して、彼女を冥界に連れ去ってしまいます。母のデメテルにはこのことは知らされておらず（ゼウスは彼女が反対すると考えたのでしょう）、突然娘が失踪してしまったデメテルは娘を探し求めて地上をさまよいます。この誘拐は太陽神**ヘリオス**によって目撃されていました。デメテルはヘリオスから娘の誘拐を教えられ、さらに父親のゼウスがそれを承認していたと知ると激怒し、職務である穀物の育成を放棄して天界から立ち去ってしまいます。この結果、地上では穀物が実らなくなり、人間も神々も貧窮することになります。

写真22　デメテル像（ローマ、国立博物館）　©Marie-Lan Nguyen / Wikimedia Commons

こうした状況にはゼウスも困り果て、ハデ

スに対してペルセポネを母親のもとに返すように求めます。しかしハデスも一度妻にした彼女と別れたくなかったのでしょう。彼は策略を思いつき、彼女にザクロの実を食べさせたのでした。別の世界の食べ物を食べると、その世界から完全には立ち去れなくなるという観念は世界中にあるようです。ペルセポネが何粒のザクロを食べたのかについては、三粒と六粒という二説があります。このためペルセポネは一年一二か月のうち三か月あるいは半年は地下の国で暮らし、残りの期間は母とともにいることになりました。穀物の母デメテルの娘ペルセポネは穀物の霊（穀霊）でしょう。穀物は種として大地の中に留まり、発芽して生長して実ります。そして翌年、再び消失と出現のサイクルを繰り返すのです。

天上を去り地上に来たデメテルは老婆に姿を変えて、アテネの近郊の**エレウシス**で王家の下女として働くことにします。この時、打ち沈んでいるデメテルに対してバウボという老女が女性器を露出して笑わせたという話もあります。やがてペルセポネが冥界から帰ってくると、デメテルはエレウシス王の息子の**トリプトレモス**に穀物栽培の方法を教えて、トリプトレモスがそれを世界中に広めたとされます。

・密儀宗教の神々

この神話は死後も永遠の生命を願う人々によって執り行われた密儀（ミステリー）と関係しています。ペルセポネは死者の世界に行ったが再び生の世界に戻ってきたのです。それと同様に死後にも生き続けることを願った人々はエレウシスに集い、デメテル、ペルセポネ、トリプトレモスに対する祭りを行いました。これはエレウシスの密儀と呼ばれています。ただし、密儀として厳密に秘密が守られたため、詳しい内容は分かっていません。

同じように死後の世界に行って戻ってきた存在に音楽家**オルフェウス**（**オルペウス**とも）がいます。彼の妻であるニンフの**エウリュディケ**は、野原で毒蛇に咬《か》まれて落命します。妻を熱愛していたオルフェウスは彼女を連れ戻すため冥界に赴きます。そしてその竪琴《たてごと》の音色と歌声の力で冥界の番犬ケルベロスや王であるハデスの心を和ませ、地上に出るまで振り向かないという条件を付けられますが、妻とともに地上に戻ることを許されます。しかし後ろから付いてくる妻の足音が聞こえないのに不安になったオルフェウスは約束を忘れて思わず振り向いてしまいます。そのため妻は冥界に連れ戻されてしまい、彼の試みは失敗してしまうのです。

しかし失敗したとは言え、オルフェウスが死者の世界に赴き、そこから帰還したのは事実だということで、彼を教祖とし、永遠の生命を希求するオルフィック教（オルフェウス教とも）が作られました。これも密儀宗教なので、やはり詳しい内容は分かっていません。

・母と娘の神話

デメテルは穀母であり、その娘ペルセポネは穀霊ということで、この親子の女神の神話は基本的には穀物の神話でしょう。また、穀物が死と再生を繰り返しつつ生き続けることから、この親子の女神は不死を願う密儀宗教の崇拝対象とされたというのも確かでしょう。しかしそれ以上にこの神話は、女性のための神話であったと思われます。母親は娘が成長して男に望まれ結婚して自分の手元から去っていくのは避けがたいと分かっていても、寂しい気持ちは拭えません。娘もまた結婚したものの、母が恋しく、時々は里帰りしたいと願います。

そうした女性の心理を窺《うかが》わせるような神話は多くありません。それは権力が男性に握られ、神話も男性が作りだすことが普通で、女性の立場からの神話は作ることも、後の時代に伝えられることも難しかったからです。穀物の神話を母神と娘神のつながりという形で表現したのは果たして男性だったのか、それとも女性だったのか、これは興味深い問題です。

女性の視点が感じられる神話としては、浮気を繰り返す夫ゼウスに対するヘラの嫉妬や夫の浮気相手の子供への迫害がそうでしょうか。そしてディオニュソスの神話に登場する、夫や父親の管理を逃れて自由に山野を往来して自らを解放する**バッカイ**（「ディオニュソス＝バッコスの信者の女性たち」）の姿にも女性たち自身の願望が読み取れるのではないでしょうか。なお、デメテルとオルフェウスにまつわる神話は日本神話にとてもよく似たところがあります。それについては最後の章の日本神話との関係の個所を見てください。

ニンフ（nymphe, νύμφη）

ニンフとは女性の姿の山野の精のことです。ここでは著名な二人のニンフを紹介します。

・ダプネ（Daphne, Δάφνη）

ダプネは「月桂樹《げっけいじゅ》」という意味を持つ名前の河神の娘です。ローマの詩人オウィディウスの『変身物語』によれば、愛の神エロスはアポロンから子供のくせに弓矢を持っていると馬鹿にされたのに立腹し、恋心を引き起こす金の矢でアポロンを射て、同時に恋を嫌いにさせる鉛の矢でダプネを射たのです。このためアポロンはダプネを追い求めるようになりますが、ダプネの方は嫌がって逃げ回り、最後に捕えられそうになると父の河神に願って月桂樹に姿を変えてもらいました（写真23）。その結果、月桂樹はアポロンの聖樹となったというのです。

・エコー（Echo, Ἠχώ）

森のニンフのエコーの名は現在、「こだま」として残っています。この神話もオウィディウス『変身物語』が伝えるものです。エコーはヘラに仕えていて、他のニンフと戯れているゼウスにヘラが気づかないように、おしゃべりでヘラの気をそらせていました。やがてヘラはこれに気づき、罰としてエコーが自分からは話せず、相手の言葉の終わりだけを繰り返すようにしたのです。そのエコーが恋したのが美少年**ナルキッソス**でした。しかし彼はエコーには見向きもしませんでした。悲しみに沈むエコーは次第に憔悴《しょうすい》して姿が消滅してしまいますが、それでも声だけは残ったとされています。

写真23　ベルニーニ「アポロンとダプネ」（ローマ、ボルゲーゼ美術館）　©Architas / CC BY-SA 4.0

ヘレネとトロイ戦争

人間の女性たちも神話の中で大きな役割を果たしています。それは英雄との関わりがあるからです。英雄は神と人間の間に生まれる半神半人の場合が多く、しかも男神と人間の女性との間に生まれることが多いので、英雄の母として、人間の女性たちは多く登場するのです。**レダ**もそうした一人です。彼女はゼウスに見初められ、ゼウスは彼女を油断させるため白鳥の姿となって近づいて、その姿のまま彼女と交わります。この結果、レダは卵を出産し、そこから半神半人の絶世の美女として生まれるのがヘレネです。アフロディテの節で述べたように、ヘレネはその美しさ故にトロイの王子パリスによって誘拐され、彼女を取り戻すためにギリシアの英雄たちがトロイに向かうのがトロイ戦争のはじまりです。この戦争での活躍によって有名な英雄の一人はアキレウス、もう一人が**オデュッセウス**です。

・トロイ戦争のはじまり

かつてゼウスは海の女神テティスに目をつけ、妻にと望みますが、生まれてくる子が父より偉大になるという予言を受けたため諦めざるを得ませんでした。しかし、彼女が他の神と結婚してもゼウスの地位を脅かすような偉大な神が誕生する危険性があります。

それを避けるため、ゼウスはテティスを人間の男**ペレウス**の妻にしました。そしてテティスとペレウスの結婚式を挙行し、神々全員を招待したのです。

ところがここに招かれなかったのが争いの女神**エリス**でした。結婚式で争いは御免だという配慮から招かなかったのでしょうが、エリスは立腹して「最も美しい女神に」と書かれた黄金のリンゴをこの場に投げ込みました。このリンゴをヘラ、アテナ、アフロディテの三人の女神が自分のものだと主張して争いになり、ゼウスに審判を求めますが、

図24　ルーカス・クラナッハ「パリスの審判」（スイス、バーゼル美術館）

ゼウスは（当然）拒否して、その役割をトロイの王子パリスに委ねます（図24）。

パリスに対して、三人の女神たちは自分を選べば次のような贈物をすると約束します。ヘラは全アジアの王になること、アテナは戦闘における勝利、そしてアフロディテは世界

一の美女でした。そしてパリスは黄金のリンゴをアフロディテに与えたのです。

その世界一の美女がヘレネで、ヘレネはこの時すでに、スパルタ王**メネラオス**の妻でした（図25）。しかし約束は実行されねばなりません。パリスはギリシアに渡り、スパルタ王の客となり、メネラオスが母方の祖父の葬儀のために出かけて不在の間に、おそらくは愛の女神アフロディテの力も借りて、ヘレネを誘拐してトロイに連れ去ってしまうのです。

このことを知ったメネラオスはギリシア中の王たちを呼び集めます。それは、かつて彼らがみなヘレネを妻に望んで求婚した時、流血を避けるため、知恵の英雄オデュッセウスが次のような提案をしたからでした。すなわち、誰がヘレネの夫になっても恨みはしない。そして、もしヘレネに何か起こった時には全員が助けに駆けつける。この条件を全員が認めた後、ヘレネ自身に夫を選ばせました。そしてヘレネが選んだのがスパルタ王メネラオスだったのです。

メネラオスは集まったギリシアの王たちに対してトロイを攻めるよう求めました。王たちはかつての誓い通りに船を仕立てて、メネラオスの兄であるミュケーネ王**アガメム**

ノンを総大将としてトロイを攻略し、ヘレネを取り返そうとするのです。

・トロイ戦争はゼウスの策略か

こうした美女をめぐる大戦争の神話はあまり現実的とは思えません。ではなぜこのような非現実的な神話が作られたのでしょう？　これについては次のような興味深い仮説が提示されています。

図25　ヘレネに魅了されるメネラオス。左端にアフロディテと天にエロス（陶器、紀元前５世紀、パリ、ルーブル美術館）

『イリアス』について書かれた古い注の一つに、トロイ戦争はゼウスが意図的に引き起こしたものだとする伝承があるのです。それによると人口が増えすぎたため大地の女神ガイアがその重みに苦しみ、人間を減らすようにゼウスに求めたので、ゼウスはトロイ戦争が始まるように策し、この大戦争によって多くの命が失われるようにした、というのです。

この話は一笑に付すことができません。なぜならまったく同じ話がインドの大叙事詩『マハーバーラタ』にも出てくるからです。『マハーバーラタ』では従兄弟《いとこ》同士のパーンダヴァ五兄弟とクル一〇〇兄弟の二陣営が大戦争を繰り広げて、両軍のほとんど全員が戦死するのですが、その戦争の理由は人口が増えすぎて大地の女神プリティヴィーが重さに苦しんで、最高神ブラフマに戦争によって人口を減らして欲しいと願い、それをブラフマが聞き入れたためでした。

もしギリシアとインドの大戦争の伝承の一致が偶然でないとすれば、それはギリシア人とインド人が東西に分裂する以前にインド＝ヨーロッパ語族（印欧語族）として一緒に住んでいた時代にまで遡るものと考えられます。それは紀元前三〇〇〇年紀のこと、場所は南ロシアの草原だったのでしょう。

さてもし、トロイ戦争がゼウスの神意による人口減らしであったとするならば、二つの点が注意を惹《ひ》きます。

①ヘレネはゼウスの娘である。

②以下に述べるトロイ戦争の英雄アキレウスの誕生についてもゼウスが関与している。もし仮に、ゼウスが大戦争を意図的に引き起こそうとしたのなら、二つのことが必要だったでしょう。一つは二つの国に戦争をさせる原因を作ることであり、もう一つは一方だけではなく両方の軍勢に多くの死者を生みださせる英雄を作ることです。ゼウスはギリシアとトロイが争う原因となるような絶世の美女を作るためにレダと交わり、ヘレネを産ませた可能性があります。またテティスはかつてゼウスが妻に望んだが、生まれてくる子が父より偉大になるという予言のために諦めた海の女神です。テティスを人間の男に嫁がせれば、ゼウス以上の神が生まれてくる可能性はなくなりますが、誕生するのは必ず偉大な英雄です。

この英雄アキレウスは、次章の英雄の章で紹介するように敵軍にとって最大の殺戮《さつりく》者となるだけでなく、ギリシア側の総大将アガメムノンとの対立により戦場に出ることを拒否し、そのためギリシアの側にとっても多大な戦死者を生みだすのです。こうした両軍に膨大な戦死者が生じることが、『イリアス』の冒頭にある、「ゼウスの神慮は遂げられていった」ことなのです。

美女ヘレネの誘拐と彼女の奪還のために始まったトロイ戦争というのは、実はゼウスがおぜん立てをした大量死計画に過ぎなかった、という仮説はかなりショッキングでしょう。しかしこの神話の主人公であるヘレネとアキレウスがともにゼウスがコントロールできる存在であることや、大戦争による大量死によって大地の負担を軽減するというまったく同じ筋書がギリシアとインドの叙事詩で語られていることを私は偶然とは考えません。次章のコラムに述べるように、トロイ戦争のもう一人の英雄であるオデュッセウスについてもインドに対応する神話エピソードがあるのです。

第五章　輝けるヒーロー――英雄たち

先述したように英雄とは神と人間の間に生まれた半神半人の存在と定義してよいでしょう。そしてギリシア神話の最大の特徴は英雄についての神話が豊富なことです。なぜなら神々と人間の中間存在である英雄がいることで、神界と人間界が交流できるという図式になっているからです。以下では**ヘラクレス**、**ペルセウス**、**イアソン**、**アキレウス**、**オデュッセウス**、**テセウス**などを紹介します。

神話最大の英雄――ヘラクレス（Herakles, Ἡρακλῆς）と一二の仕事

ヘラクレスは**ゼウス**と人間の女性**アルクメネ**の子どもです。アルクメネには**アンピトリュオン**という夫がありましたが、彼女を見初めたゼウスは夫が出かけて不在の時に、その夫の姿に変装して、彼女と交わりヘラクレスが生まれたのです。ゼウスの妃《きさき》**ヘラ**はヘラクレスをはげしく迫害します。赤ん坊の時には二匹の蛇を送りますが、ヘラクレス

は簡単に二匹を握り殺してしまいます。また一八歳の時には、キタイロン山のライオンを退治しました。そしてこれ以降、ヘラクレスはこのライオンの皮を鎧《よろい》の代わりとします。大人になると、結婚して子供も出来ますが、ヘラは相変わらずヘラクレスに対して狂気を送ります。このためヘラクレスは妻と子供を殺してしまいます。この罪を清めるため、ヘラクレスは一二の困難な仕事を果すことになります。これらの難業をこなしたことで彼は最大の英雄となり得たといえます。

1、最初の仕事はコリント地方のネメアの谷に住むライオンを退治することでした。このライオンには矢が効かなかったので、ヘラクレスは首を絞めて殺しました。このライオンはヘラクレスの武勇の記念として、ゼウスによって星座とされたといいます（しし座）。

2、アルゴス地方のレルネの沼沢地に住む九つの頭を持った怪物**ヒュドラ**退治。ヒュドラの首は斬り落とされると新しく生えてくるのです。しかもヒュドラの助っ人に巨大な蟹《かに》も現れました。そこでヘラクレスも甥《おい》の**イオラオス**に助けを頼み、斬り落とした首の付け根を燃え木で焼いて新しく生えないようにし、真ん中の不死身の頭は地中に埋めてしまいました。

3、ペロポネソス半島北部のアカイア地方にあるケリュネイア山に住む牝鹿《めじか》は、巨大で黄金の角を持っていました。この鹿は女神**アルテミス**に捧《ささ》げられていたので、殺してはならず、生け捕りにしなければなりませんでした。ヘラクレスは鹿を一年追い続け、疲れたところをようやく捕えました。この話で奇妙なのは牝鹿なのに角があることです。普通の鹿の牝《めす》には角はありません。牝でも角があるのはツンドラ地帯に住むトナカイです。

4、アルカディア地方のエリュマントス山に住む猪《いのしし》も生け捕りが命じられました。今度は深い雪の中に追い込み、動けなくなったところを捕えました。

5、エリス地方の王**アウゲイアス**は太陽神**ヘリオス**の子で、多くの牛を家畜小屋に飼っていました。しかし三〇年間も掃除をしておらず、ヘラクレスはその掃除を命じられたのです。彼は二つの川から水を引いてきて、家畜小屋の両側に穴を開け、片方の川からは水が入るように、そしてもう一方の川に水が流れ出るようにして、家畜小屋を一日で掃除し終えました。

6、コリント地方のステュムパリデスの森には無数の猛禽《もうきん》が住み、付近の田畑を荒らしていました。ヘラクレスは知恵の女神**アテナ**あるいは鍛冶屋《かじや》の神**ヘパイストス**によって与えられたガラガラを使って、音で鳥たちを驚かせて、飛び出したところを次々と射落として退治しました。

7、次はクレタ島の牡牛《おうし》を捕えることを命じられました。

8、トラキア王**ディオメデス**は人食い馬を飼っていました。ヘラクレスは馬を捕えてディオメデスを馬に食べさせてしまいます。

9、北方に住む女だけの部族**アマゾン**（複数形**アマゾネス**）は男のような戦士集団でしたが、ヘラクレスはこの国の女王である**ヒッポリュテ**の締めている帯を持ち帰るように命じられます。はじめは友好的に受け取るはずだったのですが、ヘラが邪魔をして、女王が誘拐されるとデマを流したので、ヘラクレスも戦わざるを得ず、女王は殺されてしまいました。

10、三つの頭を持つ怪物**ゲリュオン**は世界を囲んでいる大洋オケアノスの先にある、世界の西の果ての地エリュテイアで牛を飼っていました。ヘラクレスにはこの牛を持ち帰る難題が課せられました。ヘラクレスは太陽神から彼が使っている黄金の大盃《おおさかずき》を借りて、それを使ってオケアノスを渡り、この番人とその番犬**オルトロス**を殺して、牛を大盃に乗せて持ち帰り、仕事の終了後に大盃は太陽神に返しました。

11、同じく世界の西の果てにはヘスペリスの園と呼ばれる楽園があり、そこでは「夕暮れ」を意味する**ヘスペリス**（複数形**ヘスペリデス**）という**ニンフ**たちが不死の一〇〇の頭を持つ竜とともに黄金のリンゴを守っていました。ここに到着するためにヘラクレスはまず迂回《うかい》しなければなりませんでした。ヘスペリスの園への道を知るのはティタン族の**プロメテウス**だけで、そのプロメテウスはゼウスを怒らせたためにコーカサスの山に縛りつけられていたのです。そこでヘラクレスは太陽神からまた大盃を借りて、それに乗ってコーカサスまで行き、プロメテウスの肝臓を啄《ついば》んでいたゼウスの聖鳥のワシを射殺して、プロメテウスの鎖を解き放ちました。プロメテウスはそのお礼として、ヘスペリスにはヘラクレス自身ではなく天空を支えている巨人**アトラス**を代わりに遣わすように助言します。ヘラクレスは助言に従ってアトラスのところに行き、ヘスペリスの園にリンゴを取りに行ってもらう間、アトラスの代わりに天空を支えています。アトラスは戻ってくると、再び天空を支えるのをいやがりますが、ヘラクレスはアトラスを騙《だま》してまた彼に天空を担がせ、自分はリンゴを持って立ち去ります。

12、最後の仕事は冥界に赴いて、番犬**ケルベロス**を生きたまま連れてくることでした。この犬は頭が三つあり、尾が蛇でさらに首の周りにも無数の蛇が生えているという恐ろしい姿でした。ヘラクレスはケルベロスが疲れて抵抗できなくなるまで締め上げて地上に連れてきます（図26）。

図26　ウィレム・ファン・アールスト、アントニオ・テンペスタ作「ヘラクレスとケルベロス」

これら一二の仕事を見るとまず仕事が行われる場所がギリシア本土からだんだんと遠い土地になっていくのが分かります。一八歳のときにライオンを殺したキタイロン山は生誕地のテバイの近くで、それからギリシア本土内部のより遠い土地に活動の場が移り、さらにギリシア本土を出て、クレタ島、トラキア、北方（おそらくイメージとしては遊牧騎馬民族スキタイ人がいた南ロシア）に赴き、最後には世界の果てや冥界にまで行っています。段々と仕事の困難さが増すことを活躍の場がどんどん遠くになっていくことで表現しているのでしょう。

また、仕事の内容も検討に値します。ライオンや水蛇は退治されるべき相手です。しかし多くの課題は殺すことではなく、生きたまま連れてくることです。鹿、猪、馬、牛、犬、リンゴなど。ヘラクレスは危険な生物は退治し、人間に有益なものは持ち帰るというパターンを示しています。この分類にうまく当てはまらないのはアマゾンの女王の腰帯ですが、これは「女性の征服」も英雄の仕事という意味なのでしょうか？

先ほども触れたように、普通の鹿では牝には角がなく、角があるのはトナカイだけです。現在のギリシアにはトナカイはいません。しかし、氷河期であればいました。ひょっとするとヘラクレスの仕事の神話というのはギリシア文化が成立するよりずっと以前の氷河期に生まれたもので、口伝えで伝承されてきて、最終的にギリシア神話の一部になったのかも知れません。そう考えるとヘラクレスの他の特徴も納得できます。まず彼は動物の毛皮を身に着けています。そして武器も棍棒《こんぼう》です。しばしば素手で動物を絞殺してもいます。

ヘラクレスという名前は「ヘラの栄光」という意味です。迫害する女神の栄光というのは奇妙ですが、迫害にめげず、多くの困難を克服して、人類のために働いて、死後は神々の仲間に加えられたというので、「ヘラの（迫害にもめげずに）栄光（を摑《つか》んだ者）」という名前になったのでしょう。実際、ギリシア語の「英雄」は英語にもなっているヒーロー（hero、ἥρως）ですが、この語はヘラ（Hera、Ἥρᾱ）と形がよく似ています。

ヘラクレスはギリシア神話最大の英雄ですから、夜空や星座にもヘラクレスにまつわるものがたくさんあります。銀河（天の川）は天上の河としてイメージされていますが、七夕の祭りでも分かるように日本には中国から伝わったイメージです。古代ギリシアではガラクティノス・キュクロス（乳の環）とか、前半部分が名詞化してガラクティノスとも呼ばれていました。元になったのはガラ gala-「乳」という語です。天上の星の集りが白い帯のように見えたのでしょう。この天上の乳はどのように生じたのかと考えた人々は次のような神話を作ったようです。ただしこの話はあまり古くないようで、最古の記録でも紀元二世紀のギリシア人旅行家パウサニアスの『ギリシア案内記』です。

これによると、ゼウスは生まれてきたヘラクレスに女神の乳を与えようと考えました。そして妻のヘラが寝ている間にお使いの神**ヘルメス**に命じてヘラクレスにヘラの乳を吸わせたのです。しかしヘラは乳を吸われているのに気づき、この見知らぬ赤子を突き放したので乳が飛び散り、銀河になったというのです。英語では今も銀河をギリシア語に由来するギャラクシーGalaxyとかミルキー・ウェイMilky Wayと呼んでいますね。

つまりヘラがヘラクレスに乳を吸われたというエピソードは、本来のヘラクレスの英雄神話とは別個に作られた天体起源の神話だったと思われるのです。

またヘラクレスに退治されたライオンはしし座に、ヒュドラはへび座に、カニはかに座になったといわれています。天体への関心はギリシア以前に古代オリエントですでに芽生えていましたから、多くの星座はすでにギリシア以前から動物や物の姿とされていました。ギリシアに伝わってきて、その多くが最大の英雄で最も人気のあったヘラクレスと結びつけられたということでしょう。

アキレウスとトロイ戦争

アキレウス（Achilleus、Ἀχιλλεύς）はトロイ戦争において活躍した英雄で、紀元前八世紀末の詩人ホメロス作の叙事詩『イリアス』の主人公です。その名前は「痛み、悲しみ」の意味のアコス（achos）に由来するようです。『イリアス』の冒頭には、「怒りを歌え、女神よ、**ペレウス**の子アキレウスの」とあります。つまり『イリアス』のテーマとは、アキレウスの怒りのために敵のトロイ軍の戦士のみならず、ギリシア側もまた多くの戦士が亡くなるというものですよ、とホメロスは宣言しているのです。アキレウスについては、ホメロス『イリアス』全篇《ぜんぺん》のほか、『オデュッセイア』（九巻　四六七～五四〇行）やアポロドロス『ギリシア神話』（三巻　一三節五～八行）などが詳しいです。

アキレウスの父はプティア王ペレウス、母は海の女神**テティス**です。テティスはアキレウスが生まれると、冥界の河ステュクスに彼を浸し、不死にしようとしました。しかしテティスは、彼の踵《かかと》を持って水に浸したため、踵だけは水につからず、アキレウスの唯一の弱点になります（「アキレス腱《けん》」はこれに由来）。

前述したように絶世の美女**ヘレネ**がトロイの王子**パリス**に誘拐され、彼女を連れ帰るためギリシアの英雄たちがトロイに向かい、戦争が勃発します。ヘレネの項で述べたようにギリシア中の英雄たちはヘレネに求婚した際に、何か起きた時には必ず助けに参上するという誓いを立てていました。この誓いが行われた時、アキレウスはまだ幼く、その場にはいなかったので、彼にはトロイに向かう義務はなかったのですが、彼なしにはギリシア側の勝利はないという予言があり、以下に述べるようにオデュッセウスの機略によって軍勢に加わることになったのです。

テティスはアキレウスがトロイ戦争に参加すれば命を落とす運命にあることを知っていたので、女装させてスキュロス王**リュコメデス**の娘たちの中に紛れ込ませていましたが、オデュッセウスにより見破られてしまいます。なお、アキレウスはこのとき、リュコメデスの娘の一人**デイダメイア**との間に息子**ネオプトレモス**をもうけています。

こうしてトロイ戦争に参加することになったアキレウスは、親友の**パトロクロス**や部下たちを率い幾多の戦功を上げ、捕虜として**ブリセイス**という女性を得、彼女と愛し合うようになります。ギリシア軍の総帥**アガメムノン**もまた、**クリュセイス**という女性を捕虜として得るのですが、**アポロン**の神官であるクリュセイスの父が彼女の返還を求めてきます。アガメムノンがこれを拒否すると、彼女の父はアポロンにアガメムノンの無礼を罰するようにと祈ります。すると、アポロンはその願いを聞き入れ、神罰としてギリシア軍に疫病を蔓延《まんえん》させ、アガメムノンはクリュセイスを父親のもとに返さざるを得なくなります。しかしアガメムノンはクリュセイスの代わりだといって、アキレウスからブリセイスを取り上げてしまうのです。

このとんでもない暴挙にアキレウスは怒り、戦場に出るのを拒否します（『イリアス』はこの場面から始まっています）。アキレウスの不在により、ギリシア軍は大敗北を喫し、窮地に立たされます。ここに至ってアガメムノンもアキレウスに謝罪し、ブリセイスを返すことはもちろん、さらに大量の財宝でもって自らの非を償おうとするのですが、アキレウスは応じません。アキレウスの親友のパトロクロスもアキレウスに戦場に戻るよう説得しますが、これにも彼は応じません（図27）。パトロクロスはアキレウスと共に戦線から離れていましたが、この状況を見かねてアキレウスの武具を借りて出陣します。パトロクロスは戦場で活躍するものの、最後には敵方の大将**ヘクトル**に討たれてしまいます。この親友の死によって、アキレウスはようやく戦場に復帰するのです。

彼は親友の復讐《ふくしゅう》を誓い、母テティスに頼んで鍛冶の神へパイストスに新しい武具を作ってもらい（パトロクレスに貸した武具は、ヘクトルに奪われてしまいました）、それを身に着けて出陣します。そしてヘクトルを討って復讐を遂げるのですが、彼の怒りは収まらず、ヘクトルの遺体を戦車でトロイの都の周囲を引き廻《まわ》して辱めます。この光景にヘクトルの父であるトロイ王**プリアモス**は心を痛め、息子の亡骸《なきがら》を返してもらうために、危険を顧みずに夜に身代金を携えて敵のアキレウスの陣中を訪れ、息子を思う父の心情を切々と訴えます。さすが非情のアキレウスもこれには心を動かされ、ヘクトルの遺体を引き渡し、トロイではヘクトルの葬儀が悲しみの中で営まれます。

『イリアス』はこうして終わっていますが、それ以外の伝承によれば、その後もアキレウスは敵方の救援に訪れたアマゾン族の女王**ペンテシレイア**を倒すなど、活躍を続けたとされています。しかし最後にはパリスに唯一の弱点である踵を射られ、殺されます（パリスの矢をアポロン神が導いたとも、アポロン神がパリスの姿に変じて矢を射たとも言われます）。

図27　矢で負傷したパトロクロスを治療するアキレウス（右）。（陶器、紀元前5世紀、ベルリン、アルテス美術館）

アキレウスについては気に入らなければ味方が窮地に陥ろうと出陣を拒むような我儘《わがまま》な性格で、また仲間のことよりも自分の名誉を重んじています。しかしそれが『イリアス』で非難されているかといえば、そうでもありません。英雄とはそういうものだとされているのです。神と人間の間に生まれた超人的存在である英雄に普通の常識的な行動規範を求めることはないのでしょう。

ヘクトルとトロイの滅亡

ヘクトル（Hektōr、Ἕκτωρ）の名は「守る」（エコー、echō）に由来します。彼については、ホメロス『イリアス』（第六、七、一六、二〇、二二、二四巻）とウェルギリウス（紀元前七〇—紀元前一九年）の『アエネイス』（第二巻）が詳しく述べています。

ヘクトルはトロイ王プリアモスと妃**ヘカベ**の長子で、妻**アンドロマケ**との間に子**アステュアナクス**がありました。彼はトロイ軍の総大将にして最強の勇士であり、勇敢かつ節度ある理想的な人物として描かれています。ホメロスの『イリアス』に伝えられるヘクトルのトロイ戦争での活躍とその最期については、アキレウスの項の通りです。

ヘクトルについては、死を覚悟して妻と子に別れを告げる『イリアス』の場面（六巻三九〇～五〇二行）が古来有名です。ヘクトルが死に、トロイが落城すると、妻のアンドロマケは夫を殺したアキレウスの子である**ネオプトレモス**の愛人にされ、また幼い息子の**アステュアナクス**はそのネオプトレモス（一説ではオデュッセウス）に殺されてしまうのです。またローマの詩人ウェルギリウスによる『アエネイス』はトロイ方の英雄**アエネアス**（ギリシア語ではアイネアスあるいはアイネイアス）を主人公とするローマ建国の叙事詩ですが、その冒頭でも、トロイ落城の際に亡くなったヘクトルの霊がアエネアスの夢に現れたことが語られています。

ギリシア一の戦術家オデュッセウス——故郷への帰還

オデュッセウス（Odysseus、Ὀδυσσεύς）はイオニア海中の小島イタケ（イタカ、イタキとも。Ithaca）の王で、ホメロスの叙事詩『オデュッセイア』（英語ではodyssey）の主人公です。武勇と知恵のどちらにも優れたトロイ戦争の英雄です。トロイ陥落の決め手となった木馬の計は彼の発案でした。トロイ戦争における活躍はもちろんですが、戦争終了後に故郷へ戻るまでの一〇年間におよぶ危険に満ちた旅、そして故郷に帰還した後に繰り広げられる復讐劇によっても有名です。

彼の妻は貞淑な女性の鑑《かがみ》ともされる**ペネロペ**（Penelope、ペネロペイアとも）です。そして彼女との間には誕生直後にトロイ戦争に出陣したため、赤子の時の姿しか知らない息子**テレマコス**（Telemachos）がいます。妻子を残して遠征するのを嫌ったオデュッセウスは牛と驢馬《ろば》を鋤《すき》につけて畑を耕し、麦の代わりに塩を播《ま》いて、狂人のふりをして出陣を逃れようとしました。しかし畑を耕す彼の前に彼の幼い息子テレマコスを置かれると、立ち止まってしまったため、正気であることが露見して、トロイ戦争に参加することになったのです。戦争に参加したオデュッセウスは、その勇猛さと知恵によって大いに活躍します。特に、「トロイの木馬」として知られる、巨大な木馬に兵士を隠して敵陣に潜入させる計略は、トロイ陥落の決め手となりました。

こうして、軍を勝利に導き凱旋《がいせん》しようとしたオデュッセウスでしたが、さまざまな障害に遭い、容易には帰国できませんでした。『オデュッセイア』には、オデュッセウスが帰国するまでの冒険が語られています。**キュクロプス**（単眼の巨人）たちの島に着いたときは、その内の一人**ポリュペモス**の眼を潰して逃げおおせますが、ポリュペモスは海神**ポセイドン**の息子であったため、以後、ポセイドンに恨まれて度重なる妨害を被ることになります。

また、魔女**キルケ**の住む島に着いて上陸すると、部下たちはキルケの魔法の薬の力で動物に変えられてしまいます（その後、元の姿に戻してもらいます）。キルケの島を出てから、オデュッセウスは船も部下たちすべても失い、たった一人で海の女神**カリュプソ**の住む島に漂着します。そしてカリュプソに愛されたオデュッセウスは、七年もの間、島に引き留められることになるのです。こうしたさまざまな苦難を克服してようやく故郷イタケ島に戻ったのは、出征から実に二〇年後（戦争の一〇年と帰還の一〇年です）でした。このような彼の冒険から、「オデュッセイア」という語は波乱に満ちた長旅を表す代名詞となりました。ホンダのワゴン車オデッセイも長距離ドライブ向けということで名づけられたようです。

以下ではトロイを旅立ったオデュッセウスたちが訪れる不思議な世界を順に紹介していくことにしましょう。

一行はまず**キコネス族**の地に寄港しています。この種族の名前はヘロドトスも記しており（『歴史』七巻五八章、一〇八章、一一〇章）、『オデュッセイア』でも現実の人々と認識されていたと思われます。一行はここでワインをもらって再度旅立つのですが、マレイア岬で大嵐に遭ってしまいます（この岬の名前は実在します）。しかしこれ以降、オデュッセウスが故郷イタケ島に帰還するまでの部分には、現実の地名は登場しません。彼らは未知の世界に迷い込んでしまうのです。

またこの間の領域にはパンを食べる人々が登場しないのも特徴的です。当然、農耕も農地も描かれていません。詩人ヘシオドスは、魚や獣や鳥は互いに食い合うので、彼らには正義（dike）は存在しない。しかし人間には、ゼウスが互いに食い合うこと、つまり「人肉食い」（allelophagia）を禁じたので、正義が存在すると述べています（『仕事と日』）。農耕を知らず、その代わりにロトスの実や人肉を食らう世界は人間の世界ではないと見られていたらしいのです。

このように、オデュッセウスの一行が帰還を達成するために経験しなければならない別世界とは、非人間的世界、すなわち人間にとっての死の世界でした。その中で人間性を保ちつづけられた者だけが、人間界、生の世界に帰還できたのです。事実、以下で見るように、オデュッセウスたちが流浪の途中で訪れる島々で直面した、人間性を喪失させるような危険は、「死」と考えられるものばかりです。

①ロトパゴイの島

この別世界でオデュッセウスたちが最初に訪れるのは、ロトスの実を食べる人々**ロトパゴイ族**の島です。島の偵察のために遣わされた斥候《せっこう》たちは、この蜜のように甘美なロトスの実を食べると帰還する気持ちをなくしてしまったので、オデュッセウスは彼らを無理やり船に乗せて島を離れました。ロトスの実は人間の証《あか》しである記憶（＝心）を失わせるのです。

②キュクロプスの島

次に訪れたのは、一つ眼の巨人キュクロプスたちの島でした。彼らは農耕も政治機構も知りません。オデュッセウスと数人の部下は偵察のために入った洞窟でポリュペモスというキュクロプスに捕らえられてしまい、つぎつぎに生きたまま食われます。しかし知恵の英雄オデュッセウスはワインを巨人に与えて酔い潰れさせ、先を尖《とが》らせてから焼いて固くしたオリーヴの丸太を巨人の目に突き刺して、巨人の洞窟から脱出するのです。ギリシア人にとって農耕、政治機構、ワイン、オリーヴは人間文化のしるしで、逆に食人は非人間性のしるしなのです。ポリュペモスの洞窟とは生きたまま食われる死の世界にほかなりません。

③風の神アイオロスの島

次に一行は風を司《つかさど》る**アイオロス**の島に来ます。この島は固定されていない浮島で、漂っています。また一族は近親相姦《そうかん》をしています。つまり、ここは大地の不動性と無縁で、また他所《よそ》の女性との接触がない閉じた世界なのです。いずれも人間の世界（オイコス）

にはふさわしくありません。

④ライストリュゴネス族の島

次に着いた**ライストリュゴネス族**の島は夜が極端に短いところでした。また住人はキュクロプスたちと同様の巨人ばかりで、その姿は「恐ろしさで肝を潰す」ほどとされています。彼らはオデュッセウスの部下たちを捕らえると、ただちに生きたまま食べてしまうし、一行の船に大石を投げつけて破壊して、マグロのように銛《もり》で突いて捕らえて食べるのです。夜と昼のアンバランスはこの島が世界の果てにあること、普通の人間世界とは異なることの象徴でしょう。また「恐ろしさ」を意味するギリシア語のエストゥゴス（estugos）は冥界の河ステュクス（Styx）や「恐ろしい（stugeros）」という形容詞と同語源です。冥界は「恐ろしいハデス」と呼ばれ、死ぬことは「恐ろしい闇が彼を捕らえた」と隠喩的に表現されています。つまりこの島もまた冥界なのです。

⑤魔女キルケの島

次に着いたのは魔女**キルケ**の島でした。キルケはやって来た者たちをすべて動物に変えてしまう力を持ち、そのため最初に偵察としてキルケのもとに来たオデュッセウスの部下たちも豚に変えられてしまいます。しかしオデュッセウスはヘルメス神から与えられた薬草の力を借りてキルケを屈伏させ、部下を元の姿に戻させます。

この後、キルケはその性格を改め、一行にゆっくりして静養するように勧めます。その言葉にしたがって、彼らは一年をこの島で過ごします。一年経ってようやく彼らは帰還のことを思い出します。するとキルケは、まず冥界に下って、予言者**テイレシアス**の霊から予言を聞く必要があるといいだして、彼らに航路を教えて、準備を手助けしてくれます。キルケの島には死の世界の影は薄いですね。本当の冥界訪問の準備段階だからでしょうか。

⑥冥界訪問

キルケの言葉にしたがって、オデュッセウス一行の船は世界の果てのオケアノスの流れを越えて、ポプラとヤナギの森のある冥府に到着します。そして予言者の言葉を聞き、再びキルケの島に戻ってきます。冥界で霊から予言を聞くことから、この冥府訪問はしばしばネキュイア（Nekyia、「降霊術」の意）と呼ばれています。

⑦セイレンの島

歌う魔女**セイレン**たちは甘く美しい声によって舟人の心を惑わせ命を奪います。彼女たちの周囲には人骨がうず高く積もっています。彼女たちの声を聞き、死を免れた者はそれまでいませんでした。しかしオデュッセウスはキルケの指示によって、自らを船のマストに縛りつけさせて動けないようにしてセイレンたちの美声を聞き、命を失うことなく通りすぎました（図28）。

⑧スキュラとカリュブディス

帰還のためには次に女怪物**スキュラ**か魔の淵《ふち》**カリュブディス**（女性形）のいずれかのそばの航路を取らねばなりませんでした。スキュラは三重の歯、六つの頭、一二の足をもち、船が近づくと必ず何人かを捕らえて生きたまま食らうのです。他方、カリュブディスでは全員が呑《の》み込まれる恐れがありました。一行はキルケの助言に従ってスキュラの方の航路を選び、仲間を失うが、残りの者はなんとか難所を通過することができました。

⑨太陽神の島

キルケとテイレシアスのいずれもこの島には上陸せずに通過すべきと予言していたの

図28　セイレン島で、船のマストに自らを縛りつけたオデュッセウス（陶器、紀元前5世紀、ロンドン、大英博物館）

ですが、疲労と空腹で弱り切っていた部下たちはオデュッセウスの提案に反対して、上陸してしまいます。しかも絶対触れてはならないと言われていた太陽神の牛を殺害して料理し、食べてしまったのです。このためゼウスによって一行の船は沈められ、オデュッセウス以外の全員が溺れ死んでしまいます。オデュッセウスは漂流し、絶海の孤島であるカリュプソの島に流れ着きます。

⑩カリュプソの島

ニンフの**カリュプソ**はポプラや糸杉の森のそばにある洞窟に住んでいます。彼女は、もし故郷を忘れて自分の夫になるなら、永遠の生命を与えようと日夜甘い言葉でオデュッセウスを惑わしました。しかしオデュッセウスは故郷を恋しく思って、神々が彼の帰還を決定するまでの七年間をこの島で過ごします。カリュプソの名前は「覆い隠す」という動詞カリュプト（kalupto）に由来します。この動詞は『イリアス』では「死」を表す場面で用いられています。

つまりカリュプソは死の女神なのです。彼女がポリュペモスと同様に洞窟に住んでいることも、その周囲に冥府と同様にポプラが繁っていることもその傍証となるでしょう。

また、彼女と語源を同じくする女神に、北欧神話での冥界の女王ヘル（Hel）がいます。英語ならばhell「地獄」となります。カリュプソがセイレンたちと同様の甘い声で囁《ささや》く永遠の生命とは、死者としての存在なのです。そこにもはや老いも死もないのは当然でしょう。

⑪パイアケス人の島

パイアケス人はスケリア島に住んでいます。カリュプソの島から筏《いかだ》で旅立ったオデュッセウスはポセイドンに見つけられ、筏を破壊され、気を失ってこの島に打ち上げられます。島はポセイドンの子である**ナウシトオス**とその妃**アレテ**が支配していました。そしてオデュッセウスは洗濯のために仲間の少女たちとともに浜辺に来ていた二人の子である王女**ナウシカア**に声を掛け、王宮に連れて行ってもらい、苦難の旅について語り、人々は彼こそが英雄オデュッセウスであると知ることになります。そして翌日、彼はパイアケス人の所有する不思議な快速船によって故郷のイタケ島に送り届けられるのです。

⑫妻との再会

オデュッセウスが不在の間、故郷イタケでは、いつまでたっても帰国しないため、オデュッセウスは死んだと思われ、ペネロペに求婚する者が集まっていました。貞淑なペネロペは夫が生きていると信じて待ち続けますが、屋敷に押し掛けた求婚者たちはオデュッセウスの財産を勝手に浪費して、日夜宴会に興じていました。ペネロペは求婚者たちに、織物を織りあげたときに求婚に応じると言い、毎晩その日に織った分の糸をほどいて求婚を先延ばしにしていましたが、オデュッセウスがなんとか故郷に帰りつく頃、策略がついに露見してしまいました。オデュッセウスは彼を探す旅に出ていた息子のテレマコスと再会し、彼と協力して求婚者たちを皆殺しにし、妻と再会します。

◇コラム　インドの「ナラ王物語」との比較

これまでのところで『イリアス』でのギリシア軍とトロイ軍の戦いによる大量の死者

はゼウスが大地の重みを軽減するために行った計画であったという説が、インドの叙事詩『マハーバーラタ』においても同じく認められ、おそらくこうした筋書は、ギリシア人とインド人が東西に分かれる以前の彼らが南ロシアの草原地域で共に暮らしていた時期にすでに出来ていたものであろうという見通しを述べました。同じようにオデュッセウスの妻との再会の物語にもインドに同じ筋書の話があるので紹介します。

それは『マハーバーラタ』の中にある「ナラ王物語」です。岩波文庫に翻訳があり、手軽に読むことができます。主人公のナラ王は賭けに負けて王国を失い妻のダマヤンティーとともに森に追放されます。そして彼は妻を見捨てて失踪してしまうのです。残された妻は父の元に戻り、夫の帰還を待ちわびます。夫は姿を変えて暮らしていますが、妻は夫を呼び戻すために偽りの婿選びの知らせを出します。これを知った夫は妻のところにやって来ますが、妻を捨てた恥ずかしさから自分からは正体を明かせません。しかし飼っていた家畜たちが主人と気付き、ついに夫婦は再び一緒になるのです。

オデュッセウスも長い放浪の後、乞食に変装して我が家に来ます。そして変装にもかかわらず真っ先に気づいたのはアルゴスという年老いた愛犬だったのです。

オデュッセウスの帰還は海路であり、ナラ王の帰還は陸路であるという違いはありますが、これはそれぞれが根づいたギリシアとインドという風土の違いから生じたものでしょう。後のコラムで述べるようにギリシアの場合には海路での苦難という部分についてはエジプトの神話からの影響も考えられています。

『オデュッセイア』が伝えるもの

・男性性と老賢者

オデュッセウス一行が遭遇する危険は、男性が代表するものと女性が代表するものに分けられそうです。男性的側面は、ポリュペモスやライストリュゴネス族のような人肉食い、生肉食いという単純で直接的暴力として描かれています。これに対して女性的なものとして表現される危険は、より多様であり、複雑な様相を示しています。『オデュッセイア』に見られる古代ギリシアの深層心理では、女性的原型といかに協調するかにより力点が置かれているといってもよいでしょう。

英雄が困難に陥ったとき、老賢者が現れて適切なアドヴァイスを与えるという物語は少なくありません。日本の記紀神話では、兄の釣り針を失って途方に暮れている山幸に海神の国への道を教える塩椎神《しおつちのかみ》がそうした例でしょう。ギリシアでもまた、ホメロスが海の老人と呼ぶ、賢者で予言力をもった船乗りの守護神ネレウスがいますし、オデュッセウス一行も予言者テイレシアスの言葉を聞くために冥府に赴いています。

テイレシアスの予言は帰還に必須といわれていますが、実際には彼がオデュッセウスを救うとは感じられません。ネレウスにしろ、テイレシアスにしろ、神話の中での影は薄く、ギリシアの神話や叙事詩において老賢者のイメージが大きな位置を占めているとはいいがたいです。どうやら古代ギリシアでは深層心理の男性的側面よりも女性的側面により関心がもたれていたと思われます。

・女神と女性

いま述べたように、『オデュッセイア』で主人公の生死の鍵を握るのは女神や女性らしいのですが、これらは、①破壊的な「呑み込む太母」側面、②建設的・助言者的な「アニマ」の側面、そして③その両者の性格をともに示す中間的側面、の三つの側面に大別できそうです。

スキュラとカリュブディスは①の呑み込む太母的といえるでしょう。いずれも非人間的・怪物的容姿でコミュニケーションの余地ははじめからありません。ポリュペモスやライストリュゴネス族といった男性的な暴力、破壊よりも、さらに原初的で未分化な暗澹《あんたん》たる「死」の衝動、それがセイレンたちとカリュプソの甘い歌声や美しい姿で、忘却や死の暗闇へといざなおうとします。またキルケの与える人間性を失わせて動物に変えてしまう魔法の酒や、ロトパゴイの島の忘却をもたらして帰還の意欲を失わせる甘い果実も、暴力的ではありませんが、結果として死の世界に留まらせる点で、無意識の女性的で危険な側面に含めることができるでしょう。
②の建設的・助言者的な女神といえば、もちろんアテナです。また純粋な女神ではありませんが、パイアケス人の王女ナウシカアもオデュッセウスの帰国を可能にする上で大きな役割を果たしています。そして③の両者の性格をともに示すのはキルケです。
しかしこれらの女性の存在が表現している深層心理の諸側面は、状況の変化によって否定的から肯定的へ、破壊から建設へと変容する可能性をもつ、中間的・可変的な力と

して描かれていることに注意しなければなりません。キルケは一度オデュッセウスの力を認めると態度を変えて、彼と床を共にし（一子を儲《もう》けたという伝承もあります）、故郷に戻るために必要な手続きとしての冥界下りの方法や、スキュラとカリュブディスが待ち構える危険な航路の通り方を教えてくれます。

またセイレンたちの歌声は死にいざなう危険なものですが、しかしオデュッセウスのように、自らを船のマストに縛りつけて死を免れるならば、その歌声を聞いた者は、「心朗《ほが》らかに、より多くを知って帰還していく」（一二巻、一八八行）と言われています。死の危険の裏面に潜むのは、他の方法では獲得しえない知だというメッセージがここからは読み取れるでしょう。カリュプソにしても、オデュッセウスを解放せよとの神々の命令が下れば、落胆しつつも、航海に必要な筏を作るための斧《おの》を提供して、優しく彼を送りだすのです。

これに対して、オデュッセウスを故郷の記憶へ、光と生命の世界に連れ戻す原動力となる肯定的な無意識の力の筆頭は、女神アテナでしょう。パイアケス人の国の王女ナウシカアも恐れることなくオデュッセウスの話を聞き、彼を宮廷に連れていって、帰路の船が与えられるよう便宜をはかっています。そしてオデュッセウスの妻ペネロペは、彼がそこに帰還することを希求する光の世界、生命の世界の象徴です。

求婚者たちとの戦いを終えたオデュッセウスは妻と対面します。しかしペネロペは喜びを表さずに、下女に寝台を動かすように命じるのです。これに対してオデュッセウスは、寝台はオリーヴの大樹の株を支柱として彼自らが作ったもので、動かすことはできないはずだと述べます。夫婦しか知らないこの言葉を聞いて、ペネロペははじめて帰還した人物が真に夫であると認め、再会を心から喜ぶのです。トロイ戦争に出陣してから二〇年、夫が妻を忘れずにいた証拠がこのイタケの大地に根をおろしたオリーヴの木株の寝台だったのです。

エーゲ海の光の賜物であるオリーヴの樹は女神アテナの聖樹で、オデュッセウスたちが怪物ポリュペモスの目を潰すのに用いた丸太もオリーヴとされています。またカリュプソが旅立とうとするオデュッセウスに、筏を作るために与える斧には、「オリーヴ材の見事な柄」がついています。オリーヴは生命、光、人間文化の象徴として作品を通して現れているのです。そしてその結末を彩るのが、夫と妻の再会であり、二人だけの記憶の秘密としての不動のオリーヴの樹の寝台なのでしょう。

・作者としての集合無意識――汝《なんじ》自身を知れ

このように知恵と記憶、つまりギリシア語のノース（noos, nous）こそが死の危険から逃れさせる手段であり、生の存在様態を特徴づけるものだと『オデュッセイア』では語られているように感じられます。それは裏返して言えば、忘却は死ということ、あるいは死とは忘却ということです。甘美な快楽に酔いしれて自己を放棄してしまうことは、文化から自然への退行であり、生きたまま死ぬことなのです。

知恵と記憶によって生と死の領域を往来できた人物が、英雄オデュッセウスでした。生死の領域の往来とは、生と死の本質の把握にほかなりません。仏陀《ブッダ》もキリストもマーヤーやサタンといった悪魔の誘惑に立ち向かい、それを克服することで生と死の本質の理解に到達しています。

『オデュッセイア』の作者は盲目の詩人ホメロスとされています。しかし民族叙事詩の真の作者は特定の誰か個人ではなく、集合的な古代ギリシア人でしょう。彼らの無意識を感じ取り、それに具体的な姿を与え、物語化した吟遊詩人群がいて、その最終的な大成者とされたのが象徴的存在ホメロスなのです。

固有の文化形態が結晶化しはじめる時、その核となる思想があります。古代ギリシアの場合、その一つが「汝自身を知れ」(グノーティ・セアウトン、gnoti seauton)という、三世紀半ばの哲学者ディオゲネス・ラエルティオスが紀元前七〇〇年頃の哲学者タレスの言葉として伝える格言でしょう。ギリシア語の「知る」(ギグノスコー、gignosko)は先に挙げた「知恵・記憶」(ノース、noos)とは異なる語源をもちますが、両者の意味領域は重複しています。知ることとは知恵を働かせること、記憶していることに他なりません。古代ギリシア人にとって、知ること、記憶することこそが外と内の両方からの危険に対処する最善の方策であり、人間と文化の証しであったと考えられないでしょうか。

タレス、アナクシマンドロス、ヘラクレイトス、パルメニデス、ゼノン、ソクラテス、プラトン、そしてアリストテレスとつづく「哲学」の系譜は「知ること」の体系化であり、またヘロドトス、トゥキュディデスに代表されるような単なる覚書や記録以上の、因果関係としての「歴史学」は「記憶」の体系化でした。「哲学」「歴史学」の両者がギリシアに始まるとされているのは、偶然ではないでしょう。

知恵と記憶によって死と忘却を克服し、暗黒の世界から光の世界に帰還する人間の典型として、古代ギリシア人の集合意識は一人の英雄像を要請しました。そうした要請に応えて吟遊詩人群が創造した人物こそがオデュッセウスなのだと思われます。

ペルセウスとゴルゴン退治

ペルセウス（Perseus, Περσεύς）はメドゥーサ退治や、**アンドロメダ**救出などで知られる英雄で、アルゴス王**アクリシオス**の娘**ダナエ**とゼウスの子です。アクリシオスは孫に殺されるという神託を得たので、娘のダナエに男を近付かせないように、彼女を青銅の部屋に閉じ込めてしまいます。しかし、ダナエに恋したゼウスが黄金の雨に変身して彼女に降り注いだため、ペルセウスが生まれました。これを知ると、アクリシオスはダナエとペルセウスを箱に閉じ込めて海に流してしまいます。しかし幸運にも、箱は沈むことなくセリポス島に流れ着きました。その島の王**ポリュデクテス**の弟の**ディクテュス**が、ダナエとペルセウスを保護し、養いました。

あるとき、ポリュデクテス王は親しい者たちを集めて贈り物を要求しました。そこでペルセウスは、王の要望ならばたとえ見た者は石と化すという**ゴルゴン**の首でも持ってこようと高言してしまったのです。ポリュデクテスはダナエに恋していたので、ペルセウスを疎《うと》ましく思っていました。そのため、これは厄介者払いが出来ると喜んだポリュデクテスによって、ペルセウスは本当にゴルゴンの首を持ってくることを命じられてしまいます。

しかしゼウスの子であるペルセウスにはアテナとヘルメスから助けの手が差し伸べられ、ペルセウスはゴルゴン三姉妹のうち、末妹の唯一不死ではないメドゥーサを殺して首を切り落とすことに成功します（写真29）。そしてメドゥーサの首を持ち帰る途中、彼はエチオピアで、王女アンドロメダが海の怪物の生贄《いけにえ》にされようとしているところに遭遇します。彼は、アンドロメダを妻にするという条件で、怪物にメドゥーサの首を見せて石にして退治し、彼女を救出します。

故郷に帰ると、ポリュデクテスがダナエを強引に妻にしようとしていました。そこでペルセウスはメドゥーサの首をポリュデクテスと彼の仲間に見せ、石に変えてしまいました。

　こうして、妻を得て、母を救い出したペルセウスでしたが、あるとき、円盤投げの競技に参加した際、投げた円盤によって観客席にいた老人を誤って殺してしまいます。この老人こそがアクリシオスでした。ペルセウスは偶然とはいえ祖父を殺してしまったことを恥じ、祖父から受け継いだ王位を従兄弟と交換し、従兄弟の治めていたティリュンスの王となります。ペルセウスについては、アポロドロス『ギリシア神話』（二巻四章一節）やヘシオドス『神統記』（二八〇行）が伝えています。

写真29　ベンヴェヌート・チェッリーニ「（メデゥーサの首を捧げる）ペルセウス像」（フィレンツェ、ロッジア・ディ・ランツィ）©Marie-Lan Nguyen / Wikimedia Commons / CC-BY 2.5

イアソン——アルゴナウタイの冒険

イアソン（Iason, Ἰάσων、英語ではジェイソンJason）は**アルゴナウタイ**（Argonautai, Ἀργοναῦται、「アルゴの乗組員」の意）を率いた英雄です。イアソンとアルゴナウタイについては、アポロニオス『アルゴナウティカ』とアポロドロス『ギリシア神話』が伝えています。

彼の父**アイソン**は、異父兄弟の**ペリアス**に王位を奪われていました。そこでイアソンはペリアスに対して父への王位の返還を求めますが、ペリアスは、イアソンを遠ざけるため、返還の条件として、ギリシア北方、黒海の彼方《かなた》にある国コルキスに行き、そこの王**アイエテス**が所持する黄金羊の毛皮（英語でゴールデン・フリース、Golden Fleece）を持ち帰るようにと命じたのです。

イアソンはコルキスに向かうために、女神アテナの助力を得て木材を入手し、**アルゴス**という船大工に巨船を造らせました。この船は、アルゴスの名を取りアルゴ（遠征、快速の意）と名づけられました。そしてギリシア中からこの船の乗組員を募ったのです。ヘラクレス、**カストル**と**ポリュデウケス**兄弟、**オルペウス**などの名だたる英雄たちが参加したとされ、彼らはアルゴナウタイと呼ばれました。その数は五〇人あるいは五五人ともされています。

この旅は行きも帰りも多くの困難に見舞われ、波乱に満ちたものでした。その中で、英雄たちのうち何人かは死に、あるいは取り残されて脱落しました（たとえば、予言者**イドモン**は自分が死ぬと分かりつつも旅に同行して死にました。また、ヘラクレスは伴っていた美少年**ヒュラス**がさらわれ、彼を夜中まで探していたため取り残されてしまい、途中脱落となります）。

また彼らは航海の途中でさまざまな怪物と出会います。**ピネウス王**を悩ませていた怪鳥ハルピュイアや、鍛冶の神ヘパイストスが作り出した青銅の巨人**タロス**は彼らに退治されました。また、美しい歌声で人を惑わして喰《く》らう怪鳥セイレンに出会ったときは、オルペウスが美しい歌声と竪琴《たてごと》の音色でこれに対抗し、英雄たちは事なきを得たといわれています。怪物だけ

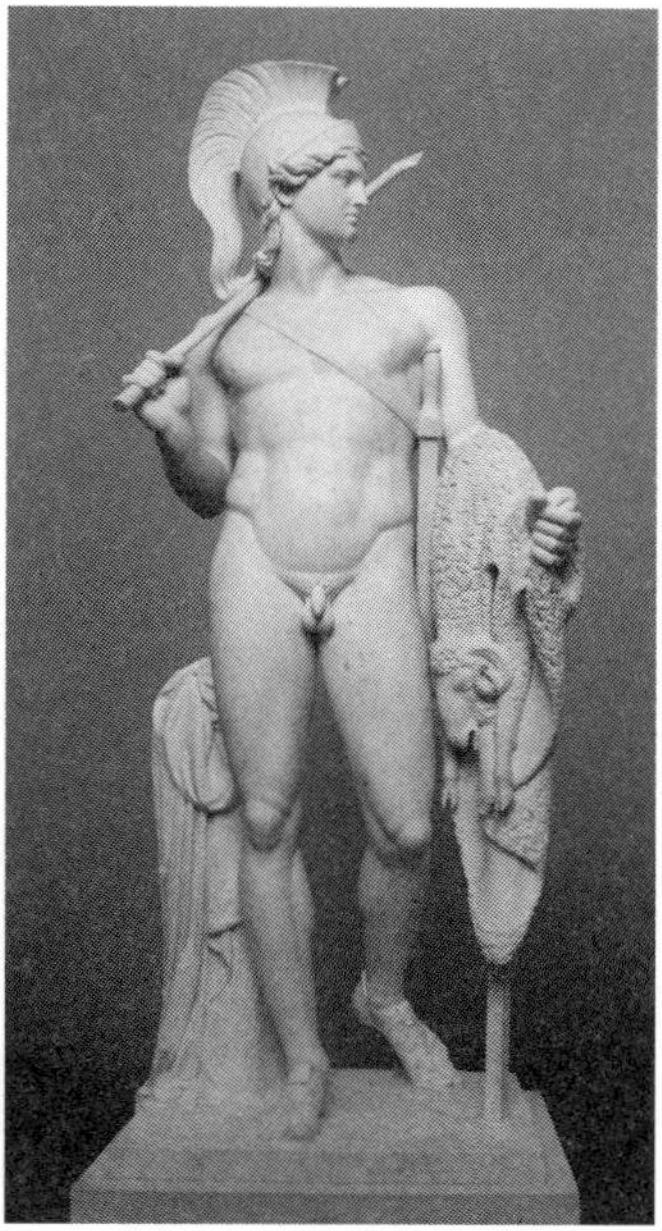

写真30　ベルテル・トルバルセン「イアソンと黄金羊の毛布」

でなく、両岸にそそり立ち、間を通ろうとすると動き出して船を挟んで押しつぶしてしまうシュムプレガデスという奇妙な岩もまた英雄たちの行く手を阻みました。この航海での多くの怪物との遭遇の場面は先に見た『オデュッセイア』のものとよく似ていますね。おそらく両方の作品に素材を提供した共通の航海伝承があったのでしょう。

イアソンの一行がコルキスに到着すると、アイエテス王は黄金の羊の毛皮を渡すことを渋り、イアソンを罠《わな》にはめて殺そうとします。しかし、王女**メデイア**はイアソンに恋して、魔術でもってイアソンたちを助けます。そのおかげで、一行は毛皮を奪いコルキスを脱出することに成功するのです（写真30）。イアソンはメデイアと結婚して二人の息子も生まれますが、後に彼女を捨てて、コリントスの王女と結婚しようとしたため、メデイアによって王女も子供もともに殺されて一人きりになってしまいます（もちろんメデイアも彼のもとから去ります）。

◇コラム　『オデュッセイア』と『アルゴナウティカ』のモデル？

紀元前二〇世紀の第一二王朝時代のエジプトの遺跡から、「難破した水夫の物語」という物語の写本が出てきたことが知られています。しかもこの話はさらに古い第五王朝時代にはすでに書かれていたらしいのです。これによると、王の軍勢がシナイ半島の銅山に遠征するため紅海を航行していた時、大風に遭遇して沈没してしまい、一人の近衛兵だけが助かって島に打ち上げられます。やがてこの島は巨大な蛇の姿をした神のすまいであることが分かります。蛇神は親切で、彼に対して、四か月の後にはエジプトの船に発見されて無事に故郷に戻れることと、発見された後にはこの島は姿を消すことを教え、その通りになるのです。

エジプトの絵画では顔がつねに横顔で描かれるのはよく知られています。そして同じことはギリシアの壺絵《つぼえ》でも認められます。エジプトからの影響は明らかです。またエジプトのピラミッドを守るスピンクスはギリシア神話にも登場しています。「難破した水夫の物語」がギリシアに伝えられ、『オデュッセイア』と『アルゴナウティカ』のモデルとなったのでしょうか。

テセウスとミノタウロス退治

テセウス（Theseus, Θησεύς）はアテナイの伝説的な英雄で、その活躍はアポロドロス『ギリシア神話』（三巻一六・一以下）、オウィディウス『変身物語』（七巻四〇四〜四五二行）、プルタルコス（紀元四六―一二七年頃）『英雄伝』などに伝えられています。ヘラクレスの功業神話と似た神話が多いので、ドーリス人の英雄ヘラクレスに対抗してアテナイ人によって作られた英雄と考えられています。

テセウスはアテナイ王**アイゲウス**とトロイゼンの王女**アイトラ**との子とされていますが、海神**ポセイドン**の子とする説もあります。トロイゼンで育ち、一六歳の時に「プロクルステスの寝台」を含むさまざまな冒険をしながらアテナイに向い、父の妃となっていたメデイアの陰謀を免れて、父に息子と認められました。

彼の最大の功績とされるのがクレタ島の迷宮にいた半人半牛の怪物**ミノタウロス**を退治したことです（図31）。帰路、生きて無事に戻ってきたら白い帆を上げる約束を忘れてしまい、黒い帆のまま帰還したため、黒帆を見た父のアイゲウス王はテセウスが亡くなったと勘違いして絶望して海に身投げして亡くなります。この先王の名にちなんで、エーゲ海の名が生まれたといわれます。

テセウスは王位に就くと、アテナイを上手に統治する一方で、アルゴー船の冒険に加わったり、アマゾンの女王である**ヒッポリュテ**を攫《さら》って妻としたり、友人のためにペルセポネを求めて冥界に下るなどさまざまな冒険を行ないました。晩年は王位を追われ、亡命先で謀殺されたといいます。死後、デルポイの神託により彼の遺骸はアテナイに戻され、手厚く葬られたそうです。

図31　ミノタウロスを倒すテセウス（陶器、紀元前6世紀）

◇コラム　英雄崇拝

英雄神話が盛んに創られたギリシアでは、英雄崇拝も盛んに行われました。ただしギリシア最大の英雄ヘラクレスは死後に神になったので、英雄ではなく神として崇拝されました。神の場合と英雄の場合では崇拝のやり方に違いがあったのです。英雄の場合、死後もその偉大さが人々に恩恵をもたらすと考えられました。その根拠となるのは死体が葬られた墓でした。一般の死者の墓にも親族が詣でますが、それは死者の死後の平安を祈るのであって、誰もが詣でて恩恵が与えられるように願う英雄の墓とは異なります。死後もまた英雄は一般人とは違っていたのです。アテネの英雄テセウスやアテネで亡くなったとされる悲劇の主人公であるオレステスやオイディプスも英雄崇拝の対象であったようです。

偉大な英雄は死後も影響力を及ぼすという観念は古代ギリシアに限りません。日本でも受験勉強の神様として平安時代の学者菅原道真《すがわらのみちざね》が祀《まつ》られている天神様にお参りする受験生がいます。これは中国の賢人の孔子を祀る孔子廟《こうしびょう》がモデルかも知れません。

キリスト教では聖人の遺骨を納めた場所に教会が建てられ、信者が訪れます。先にも少し触れた、イエスの弟子のパウロが処刑された場所に建てられバチカンのサン・ピエトロ大聖堂が最も有名です。

他方、比較的最近まで多くの独裁的国家では、偉大な指導者の像が多くありました。ロシア（旧ソビエト連邦）でのレーニン像やイラクでのフセイン像などがそうです。アメリカ合衆国でも似たような国家の偉大な英雄を讃《たた》えるモニュメントがあります。たとえば首都のワシントンDCにはワシントン、リンカーン、ジェファーソンという三人の大統領のためのモニュメントがあり、多くの観光客（参拝者？）が訪れています。

またサウスダコタ州キーストーンのラシュモア山国立記念公園の山肌にはワシントン、ジェファーソン、ルーズベルト、リンカーンという四人の大統領の巨大な胸像が彫られています。古代ギリシアだけでなく、英雄崇拝は現在もさまざまな形で続いているのです。

第六章　アブノーマルなものたち

普通ではない存在にはいろいろな形があります。分かりやすいのは外見がアブノーマルな存在、つまり怪物や合成動物です。ギリシア神話では異質なもの、自分たちに理解できないものをアブノーマルな姿で描いてきました。そしてその中には女性的な要素が多く見られます。前述したように神話は主として男性が作りだす物語ですから、異質なもの、自分たちに理解できないものを女性として捉える傾向があったようです。次に内面のアブノーマルさ、恐怖とか自己愛とか狂気とか無意識という現代にも通じる問題をギリシア神話はどのように描いているかも見ます。最後には美しすぎる若者たちについても紹介します。

怪物たちの親

・テュポン

テュポンは「世界のはじまり」の章でも述べたように、**ティタン族**との戦いの最期に登場して**ゼウス**と死闘を繰り広げる怪物で、天に達するほど巨大で肩からは一〇〇の頭が出ており、腿《もも》までは人間ですが、そこから下は巨大な毒蛇であったとされています。

・エキドナ

エキドナは、上半身は女性ですが、下半身は蛇です。以下に述べる怪物たちの他、**ヘラクレス**の仕事で最初に退治されるネメアのライオンや世界の西の果ての**ヘスペリス**の園で黄金のリンゴを守っている一〇〇の頭を持つ不死身の竜も**エキドナ**の子とされています。

以下の怪物の多くはテュポンとエキドナという怪物の子とされています。

蛇系の怪物

蛇は足のない形態の特異さや脱皮の奇妙さなどから特別な能力をもつ動物と考えられてきました。その奇怪さがさらに強調された結果、多頭化や巨大化したのでしょう。そしてこうした恐ろしい蛇系の怪物退治をする存在こそ、英雄神や半神半人の英雄なのです。

・ピュトン

ピュトンは聖地デルポイを守護していたのですが、**アポロン**によって射殺されます。ピュトンの名はやがて大蛇一般を指す名称となりました。ニシキヘビの「パイソン」は、ピュトンの英語読みなのです。

・ヒュドラ

ヒュドラはギリシア語のヒュドル「水」に由来し、普通名詞としては「水蛇」のことですが、神話では怪物テュポンとエキドナの子で、ヘラクレスに退治される九つの頭を持つ怪物です（写真32）。

合成系の怪物

異なる種類の動物の要素を兼ね備えていることも通常はあり得ないので、怪物となります。ベースは牡牛《おうし》やライオンのように力強い動物で、そこにさらに蛇や鳥（飛翔《ひしょう》能力）など別の力ある動物の要素が加えられていることが多いようです。

写真32　ヒュドラと闘うヘラクレスとイオラウス（陶器、紀元前５世紀、パリ、ルーブル美術館）

・ミノタウロス

ミノタウロスはクレタ島の王**ミノス**の妃《きさき》**パシパエ**が、海神**ポセイドン**によってミノスに与えられた牡牛と交わって儲《もう》けた子で、人間の身体に牛の頭という姿で生まれました。ミノス王はポセイドンから送られた牡牛を神への感謝のしるしとして生贄《いけにえ》にするはずだったのですが、あまりに見事な牛だったので、生贄には別の牡牛を捧《ささ》げました。ポセイドンはこれに怒って、何とミノスの妻のパシパエにこの牡牛を恋させてしまったのです。パシパエは何とかして恋

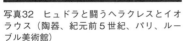

する牡牛と一体になりたいと、ミノスに仕えていた天才的工人**ダイダロス**に相談します。すると彼は木製の牝牛《めうし》を作り、パシパエをその中に入れて、牡牛と交わらせたのです。その結果生まれたのが半人半牛のミノタウロスでした。ミノス王はこの怪物を閉じ込めるため、ダイダロスに命じて、一度入ると二度と出られない迷宮ラビュリントスを作らせ、ミノタウロスを閉じ込めました。

しかしミノタウロスには食べ物が必要です。そこでまだクレタに従属していたアテナイに対してミノスは毎年（三年ごと、九年ごとという異説もあります）、男女それぞれ七人の若者を餌食として差し出させていました。アテナイ王の子、英雄**テセウス**はこの人身御供を止めさせようと、自ら一員に加わってクレタ島に行きました。するとミノス王の娘**アリアドネ**が彼に恋してしまい、その命を助けたいとまたしても工人ダイダロスの助けを求めたのです。ダイダロスはアリアドネに糸巻をテセウスに渡すように教えます。糸巻から糸を出しながら迷宮の中に入っていったテセウスは、ミノタウロスと戦って、敵を倒した後、糸を辿《たど》って再び迷宮から出ることが出来たのです。そしてテセウスはアリアドネを連れてクレタ島から脱出します。

この話には工人ダイダロスが多く登場します。彼は誰の味方でもなく、頼まれれば、その状況に応じて適切な解決法を教える発明家・知恵者です。実はダイダロスが有名なのは、このミノタウロスの話の続きの部分によってなのです。

ミノスはミノタウロスを殺され、アリアドネも連れ去られます。彼の怒りの矛先はダイダロスに向けられます。そして今度はダイダロスが息子の**イカロス**とともに迷宮に閉じ込められてしまいます。しかし知恵者のダイダロスは今度も脱出法を見つけるのです。

迷宮はおそらく今の迷路のようなものとイメージされていました。つまり飛び出せば脱出できる形だったのです。そこでダイダロスは鳥の羽を集めて息子と自分のための翼をつくって、鳥のように空を飛んで脱出したとされています。ところが父親が注意したにもかかわらず、息子のイカロスは空を飛べる歓びにどんどん高度を上げていきます。そのため、太陽の熱で羽根を固定していた膠《にかわ》が溶け、浮力を失ったイカロスは海に墜落して亡くなってしまいました。

・ケルベロス

ケルベロスはテュポンとエキドナの子で冥界の番犬ですが、普通は頭が五〇あるいは一〇〇あるいは三つあり、尾が蛇で、首の周りにも無数の蛇の頭が生えていて、「青銅の声をもつ」とされます（図26）。

・オルトロス（**オルトスとも**）

オルトロスも同じ両親から生まれた番犬で、ヘラクレスの一二の仕事のうちの一〇番目の太陽神の牛を守っていた**ゲリュオン**が飼っていた番犬でした。その姿は語られていませんが、兄弟のケルベロスも番犬なので、おそらく同じ姿と考えられていたのでしょう。主人と共にヘラクレスに殺されてしまいます。またある伝承によれば、以下に述べるスピンクスはエキドナがこの息子のオルトロスと交わって生まれた子とされています。

・キマイラ

キマイラもやはりテュポンとエキドナの子とされ、ライオンの頭、蛇の尾、牝《めす》ヤギの胴体で、口からは火炎を吐き出します。この怪物はヘシオドスによれば女性で、英雄**ベレロポン**によって退治されます。

・スピンクス

スピンクスは、頭部は人間で体はライオンで、鳥の翼を持ち、飛ぶことができます（写真33）。エジプトのギザで大ピラミッドの側にあるものが有名ですが、ギリシアでは女の怪物とされています。テュポンとエキドナの子とする説と父はテュポンではなくオルトロスとする説があります。

この怪物はテバイの都のそばに来て、道行く人に「一つの声を持ちながら、四本足、二本足、三本足になるものは何か」という謎をかけ、答えられないと食べてしまっていました。このためテバイ人はこの怪物を退治してくれた者には、王位を献上すると約束していたのです。そしてこの謎を

写真33　スピンクス（陶器、紀元前5世紀、パリ、ルーブル美術館）

解いたのは隣の国コリントスから来た**オイディプス**でした。彼は「それは人間だ、赤ん坊の時は這《は》って動くから四足で、大人になれば二本足で歩くし、老人になれば杖《つえ》をつくから三本足だ」と答えたのです。謎を解かれたスピンクスは身投げして自害します。オイディプスの生涯については第七章「ギリシア悲劇」の個所を見てください。

・セイレン

セイレンは、上半身は女で下半身は鳥の姿をし、歌声で船乗りを魅惑して船を難破させ溺死させせる海の怪物で、複数いたとされています。『オデュッセイア』では**オデュッセウス**の船は、この怪物たちの近くを航海しなければならなかったのですが、オデュッセウスは船を漕《こ》ぐ部下たちには耳に蠟《ろう》を詰めさせ、歌声が聞こえないようにして無事通過させ、自分はあらかじめマストに縛りつけさせておいて、歌声に魅了されても海に飛び込めないようにしておいてセイレンたちの歌声を聞きました。するとセイレンたちはオデュッセウスが自分たちの歌声を聞いても無事だったのに怒って、海中に身を投げたとされます。同じく女怪物であるスピンクスがオイディプスに謎を解かれた時に身投げして亡くなったように、怪物退治は物理的な力以外の知恵の力によっても可能だと考えられていたようです。

・ハルピュイア

ハルピュイアは、セイレンとよく似て頭だけ女性の鳥、あるいは翼のある乙女の姿とされています。ティタン族の末裔《まつえい》で二人あるいは三人いたとされています。名前の意味は「掠《かす》める女」で、人を攫《さら》いました。またアルゴ船の冒険の物語では、盲目の**ピネウス**の食事を排泄物《はいせつぶつ》で穢《けが》し、彼を飢餓で苦しめる猛禽《もうきん》として登場しています。

・ゴルゴン（メドゥーサ）

先述したように**ゴルゴン**は**ゴルゴー**ともいい、世界の西の果てに住む奇怪な姿の三人姉妹の怪物です。醜悪な顔、蛇の毛髪、猪《いのしし》の牙、空を飛ぶための翼をもち、なによりその眼《め》を見ると石になってしまうとされていました。三姉妹のうち**メドゥーサ**だけが不死ではありませんでした（図34）。そしてメドゥーサは英雄**ペルセウス**によって首を斬られてしまいます。

ギリシアでは邪悪な力の攻撃を避けるためにゴルゴネイオン（「ゴルゴンの頭」）という恐ろしい顔をしたお守りを壁面や武器（楯《たて》や鎧《よろい》）に飾ることがありました。日本の家屋で邪悪な力の侵入を防ぐために鬼瓦が飾られるのと同じでしょう。また顔のうちでも特に目の視線が重要とされていたことは、「邪視（イヴィル・アイ）」という表現があることや、現在のギリシアでもガラスで作った目の形をしたお守りがアクセサリーとしてよく見られることからも分かるでしょう。

図34　カラヴァッジョ「メドゥーサ」（フィレンツェ、ウフィッツィ美術館）

・スキュラ

スキュラは洞窟に住む海の女怪物で、三重の歯、六つの頭、一二の足を持ち、船が近くを航行するとそれぞれの頭で一人の船乗り、つまり六人を一度に犠牲としました。オデュッセウスの一行は故郷に戻るためにどうしてもこの怪物のそばを通らざるを得ず、六人の仲間を失ってしまいます。

・カリュブディス

カリュブディスもスキュラの近くにいる女怪物ですが、一日に三度近くのあらゆるものを呑《の》み込み、三度吐き出すとされているので、渦潮の擬人化と思われます。オデュッセウスは船が破壊され、マストにしがみついて漂流している時にこの怪物に呑み込まれそうになりますが、怪物の住む洞穴の岩の上に生えているイチジクの木に飛びつき、呑み込まれたマストが再び吐き出されるまで待って、それに飛びついて再び漂流し、カリュプソの島のオギュギアにたどり着いたとされています。

美しい女怪物

普通ではないような女性の美しさは女神のしるしであることが多いですが、そうでなければ、逆に危険な存在のしるしともなります。

・アマゾン、アマゾネス

アマゾンは軍神**アレス**から生まれたとされる女だけの種族で複数形のアマゾネスという呼び方でも知られています。北方の地に住んでいて、馬に乗って弓矢で戦うのです。ギリシアやトロイの英雄たちは騎馬で戦うことはせず、戦場までは御者が操る戦車に乗って行き、戦車から降りて戦ったとされていますから、馬に乗って襲いかかってくるアマゾンたちは脅威だったでしょう。おそらくこうしたアマゾンの姿の背景には、ギリシア人と交流のあった南ロシアのイラン系騎馬民族であるスキタイ人の女性の姿があると思われます（図35）。

アマゾンは子孫を儲ける時だけ近隣の部族の男と交わり、子供が生まれると、男の子は殺すか奴隷として売り、女の子だけを残して育てるのです。弓を引くのに邪魔なので右の乳房を切除していたというので、「なし（ア）＋乳（マゾン）」という名がついたとされます。

アマゾンはトロイ戦争にも登場します。『イリアス』はトロイの英雄**ヘクトル**の葬儀の場面で終わっていますが、その後に女王**ペンテシレイア**に率いられたアマゾンたちがトロイ側の応援に加わるのです。**アキレウス**はペンテシレイアが女性とは知らずに立ち向かい、倒します。そして死体から武具を剝ぎ取る時に兜《かぶと》を脱がせ、相手が女性、それも絶世の美女だと知ったのです。このようにアマゾンたちはアキレウスをはじめ、ヘラクレスやテセウスといったギリシアの英雄とも戦いますが、最後はほとんど皆、殺されてしまいます（一部は捕えられて妻とされます）。これについては紀元三世紀ギリシアの詩人コイントスが『トロイア戦記』で伝えています。

図35　剣を持ったアマゾン、盾にはゴルゴン（メドゥーサ）の図像が配されている（陶器、紀元前６世紀、ミュンヘン、古代美術博物館）

女の仕事はせずに男のように戦うアマゾンは、ギリシアの男たちには怪物と見なされていたようです。しかし同じように女らしいことや結婚はせず、弓矢を持って狩猟や戦闘をする女神**アルテミス**やアテナは崇拝されていました。女神としてなら崇拝するが、人間の種族としては怪物視するというのは矛盾かも知れませんが、異民族に対する蔑視ということで説明がつくでしょう。

・キルケ

キルケは太陽神**ヘリオス**の娘の**ニンフ**です。アイアイエという孤島に住み、やって来た船乗りたちに魔法の酒を飲ませて動物に姿を変えさせペットとして飼っていました。そこにオデュッセウスとその部下たちもやってくるのです。最初は部下たちだけがキルケと会い、たちまち豚に姿を変えられてしまいます。オデュッセウスは**ヘルメス神**から助言をもらい、キルケを脅して部下たちを元の姿に戻させます。オデュッセウスはキルケとの間に子供を儲けたとされています。普通の男にとって恐ろしい魔女も、力ある英雄にはなびくということでしょうか。

・カリュプソ

カリュプソはティタン族の巨人**アトラス**の娘のニンフで、キルケと同じようにオギュギアという名の孤島に暮らしています。オデュッセウスはキルケの島を出た後、彼を憎むポセイドンによって船を破壊され、仲間をすべて失ってオギュギア島に漂着します。カリュプソはオデュッセウスに一緒に住むことを求めますが、彼は筏《いかだ》を作って彼女の島を出て故郷を目指します。それは先述の通り、カリュプソ（「覆い隠す女」の意味）が死の女神だからなのです。

怪物ではない異形の存在

人間とは異なる姿だからといってすべて怪物ということにはなりません。人間に好意的な存在は退治される怪物とは区別すべきでしょう。以下では男性の山野の精を紹介します。女性の場合には海、山、泉、川などの自然界の神的存在はニンフと呼ばれ、これまで紹介してきたキルケもカリュプソもニンフとされています。

・ケンタウロス

ケンタウロスは上半身が人間、下半身が馬の一族です。人間らしさは普通の半分しかないわけですから、大抵は粗野とされています。アマゾンの場合と同じく、ギリシア人と交流があった南ロシア、黒海周辺に住む馬に乗って生活する騎馬民族スキタイ人の姿がモデルかも知れません。

ケンタウロス族の中でも例外的に賢人とされるのが**ケイロン**で、彼は英雄に教育を施す存在でした。英雄になるための教育は武術と知識と心のコントロールすべてを含むものですから、学校で習える性質のものではありません。そうした「野生の知恵」を教えることが出来るのは、半人半馬のケイロンと考えられたのかも知れません。アキレウスも**イアソン**もケイロンの生徒でした。しかしある時、偶然から毒矢のために命を落としてしまいます。そしていて座にされたとも、ケンタウロス座にされたともいわれています。

・シレノス、サテュロス、パン

シレノスは全身が毛深い年配の山野の精で、馬の耳（場合によっては脚、尾も）を持つとされます。

サテュロスも同じく全身が毛深い山野の精ですが、より若くて好色で、馬よりも山羊との合成で山羊の蹄《ひづめ》や角を持つとされます。酒の神**ディオニュソス**の従者とされ、神や女信者たちとともに酔って歌い踊り戯れる姿が描かれています。

パンは牧人と家畜の神とされますが、上半身は毛深い男性で頭には山羊の角が生え、下半身は山羊で脚には蹄があるとされており、外観はサテュロスに似ています。行動も女性や美少年を追いかけるとされて、こうした好色さもサテュロスに似ています。平素は楽器（パン・フルート）を持ち、音楽を奏でているが、怒ると人や家畜に恐慌を引き起こすとされるところがサテュロスとの違いでしょう。恐慌はパンが引き起こすとされていたので、英語ではパニックと呼ばれています。

内面の恐ろしさ

人間の内面に巣食う傲慢さ、神々に挑戦しようなどという思い上がり（ヒュブリス）は必ず恐ろしい罰を与えられるという観念はいくつかの神話に見られます。

・マルシュアス

マルシュアスはプリュギア（今のトルコ内陸部）のサテュロスですが、拾った笛の演奏に熟達し、アポロンと楽器の腕を競い、アポロンを怒らせたため、残酷な刑罰を受けます。マルシュアスが拾った笛を捨てたのはアテナでした。技芸の女神でもあるアテナは笛を作り、神々の前で演奏しますが、頬を膨らませて吹く顔がおかしいと**ヘラ**や**アフロディテ**から笑われてしまいます。そこで水鏡で見ると、やはり変な顔だと自分でも思い、笛を捨てたのですが、それをマルシュアスが拾ったのです。

マルシュアスの笛に対して、アポロンの楽器は竪琴《たてごと》です。競技の条件は、勝者が敗者を自由にするというもので、審査員はムーサたちでした。最初、彼女たちはマルシュアスを勝者と宣言したのですが、この判定を聞いたアポロンは異議を唱え、突然、竪琴を上下反対にして弾きはじめ、マルシュアスにも同様にすることを求めます。しかし笛は反対から吹いても音が出ないので、アポロンは一方的に自分の勝利を宣言すると、マルシュアスを木に縛りつけて生きたまま皮を剝いだのです。

この残酷な処刑の話は古くから有名であったらしく、紀元前五世紀の歴史家のヘロドトスも伝えています（『歴史』第七書二七）。ここでも光の神であるにもかかわらず、アポロンが持っていた恐ろしい側面が表されています。

・アラクネ

アラクネはリュディア（今のトルコ南部）の女性で機織りの名手でした。彼女は次第に傲慢となり、織物を含む技芸全般を司《つかさど》る女神でもあるアテナに対して、機織りの技で挑戦したのです。アテナは老婆の姿でアラクネのもとにやって来て、神と争うという無謀な行為はやめるようにと勧めますが、アラクネは耳を貸さなかったので、アテナは本当の姿を現し、ついに競技となります。アラクネの作品は見事な出来栄えでしたが、神々の醜聞を描いて神々を嘲笑するものだったので、アテナは怒ってアラクネを蜘蛛《くも》に変えてしまいました（ギリシア語でクモをアラクネといいます）。

この神話はギリシア語の神話集には見られず、ローマの詩人オウィディウスの『変身物語』のみが伝えています。比較的新しい神話か、あるいはリュディアの地方神話かも知れません。ただ、マルシュアスの神話と同じく、神に挑むという無礼には恐るべき罰が加えられるという趣旨は共通しています。

美し過ぎる若者たち

美しい女性は危険だという観念があることはすでに見ました。では美し過ぎる男性はどう見られていたのでしょうか。いくつかの例を紹介しましょう。

・ガニュメデス

ガニュメデスはトロイの王子で、**パリス**や**ヘクトル**の祖先です。あまりの美少年だったので、ゼウス自身が鷲に変身して、あるいは彼の命令によって彼の聖鳥である鷲が、あるいは他の神々が誘拐して、オリュンポスに連れてきて宴会での接待役にしたそうです。神々が宴会で食べるのはアンブロシア(「不死」の意)、そして飲むのはネクトルといわれています。

・アドニス

アドニスの出自については諸説があります。もっとも一般的なのは、父はキプロス王**キニュラス**で母は**ミュラ**とするものでしょう。しかしミュラは王の実の娘だったのです。彼女は女神アフロディテを熱心に崇拝しなかったので、罰として父に恋心を抱くようにさせられ、下女の手引きで正体を知られず父と交わります。ことが明らかになると王は娘を殺そうとしますが、彼女はミュラ（没薬《もつやく》）の木に変身し、月満ちるとその木からアドニスが生まれました。そのあまりの美少年ぶりにアフロディテと冥界の女神**ペルセポネ**が取り合いをしたほどでした。結局、アドニスはアフロディテを選んで一緒に過ごすことになりましたが、狩り好きだったアドニスはアフロディテの嘆願も無視して狩りに出かけ、猪の牙に刺されて落命します。流れた血からはアネモネの花が咲きました。なおこの猪は、アフロディテの愛人アレスがアドニスに嫉妬して放ったともいわれています。

・ナルキッソス

ナルキッソスは河神とニンフの子でした。予言者**テイレシアス**からは自分自身を見なければ長生きできると言われました。美少年に成長して、多くのニンフや女性に言い寄られますが、無視します。森のニンフの**エコー**も無視された一人で、悲しみのあまり彼女は姿が消えてしまい、声だけが残ったといわれています（こだま＝エコー）。彼に無視された乙女たちの願いが通じたのか、ナルキッソスは水面に映った自らの姿を見て、自らに恋してしまいます。そして水面から立ち去らず、眠ることも食べることもしなかったので痩《や》せ衰えて、亡くなってしまいました。そしてその亡骸《なきがら》は水仙（学名ナルキッソス）になったといいます。

この話は「内面の恐ろしさ」の問題にもつながっています。現代の心理学では「自己愛」や「利己主義」をナルシシズム（narcissism）と呼んでいますが、もちろん自分自身に魅せられて他のすべてに関心を喪失して滅んでいく美少年の神話にちなんでつけられた名称です。

・ヒュアキントス

ヒュアキントスはスパルタの王子で、たいへんな美少年だったのでアポロンと西風の神**ゼピュロス**が自分のものにしようと競いましたが、ヒュアキントスはアポロンを選びました。ある日、アポロンとヒュアキントスはなかよく円盤投げに興じていましたが、アポロンの投げた円盤は彼を憎むゼピュロスの風によって方向を変えられ、ヒュアキントスの頭を直撃し、彼は亡くなってしまいます。ヒュアキントスが流した血からはヒアシンス（またはアイリス）の花が生じたといわれています。

・エンデュミオン

エンデュミオンは美しい羊飼いの若者でした。月の女神セレネが彼を見初《みそ》めます。しかし彼は人間でいつか死なねばならないし、他方セレネは女神で永遠の命があります。彼らの恋はいずれ終わる定めだったのです。そこで彼はゼウスに永遠の眠りを願いました。願いは聞き入れられ、彼は永遠に若いまま眠りつづけるのです。そして女神は毎夜、天上から彼のもとを訪れるのです。

・ヒュラス

ヒュラスはヘラクレスの小姓でした。二人はともにアルゴ船の冒険に参加しますが、途中で停泊した小アジア北東部のミュシア地方でヒュラスが泉に水を汲《く》みに行ったところ、泉のニンフたちがこの美少年を見初めて水中に引き込んでしまいます。ヘラクレスは必死でヒュラスを探しましたが、当然見つかりません。そしてその間にアルゴ船は出航してしまい、ヘラクレスは結局、アルゴ船の冒険には参加しないままになったのです。

美しすぎる若者たちの神話は私たちに何を語っているのでしょう？　ほとんどの場合、彼らは必ずしも幸せではなかったと述べられています。神の領域は人間には不可侵なのです。しかし、神の領域に近い人間もいます。一番分かりやすいのは神と人間の間に生まれる英雄でしょう。尋常ならざる美しさというのもまた神に近い状態と考えられたのかも知れません。そうなら、人間の身分でありながら美しさゆえに神に愛されるのは危険だったはずです。不幸な結末を迎える美少年たちの神話とは、神と人間の境界を示す役割があったと思われます。

ギリシア神話の世界観

怪物と異形の存在は区別した方がよさそうです。怪物は異界に留まっているかぎり、問題ありませんが、人間界に出現したり、人間や英雄が異世界に行く場合は問題になります。中には**ペルセウス**のゴルゴン退治のように、武勇を証明するためにわざわざ異界に赴いて危険を冒して怪物退治をするという場合もあります。特に人間界に害をなさない場合には、怪物とは呼ばず、異形の存在とするのがよいでしょう。ケンタウロスやサテュロスやパンや**シレノス**は動物の部分をもった姿ですが、危険な存在ではありません。

ギリシア神話の世界観では、人間の世界の他に人間以上の存在である神々の住む天上界、人間の姿はしているが人間とは異なるニンフたち、危険な怪物、危険ではない合成系の存在などが住む自然界（ただし人間がまったく訪れない部分と人間が時々訪れる境界地帯の区別があった）、そして死後の地下世界といった四つの世界が区別して認識されていたようです。

冒頭でも述べたように怪物の中に女性怪物が目立ちます。メデゥーサを含むゴルゴン姉妹、キマイラ、スピンクス、シレーン、スキュラ、カリュブディスなどの異形の怪物ばかりでなく、姿は美しいが男たちを破滅させるアマゾンやキルケなどもいます。最初の女性パンドラの神話もそうですが、ギリシアの男たちは女性にその美しさや力を女神として賛美する一方で、異質な者としての怖れを女怪物として語ったのでしょう。

内面の恐ろしさは外からは窺《うかが》えません。しかし、ギリシア神話では人間が神々に勝ると思うことを戒めています。それは思い上がり、傲慢だというのです。人間の分際で神にさえ勝ろうというのですから、勝負を挑まれた神によって無残に罰せられるという訳です。もう一つ、人間は他の人間とのつながり、コミュニケーションの中で生きていくはずなのに、外部との交流を遮断して、自分のうちに閉じこもれば、それは悲劇になるという教訓を神話は語っているのでしょう。

美少年たちの神話はあまりハッピーエンドではありません。彼らはか弱く、大きな力の前に無力です。アキレウスは美男子であったと言われていますが、美男子だから英雄なのではありません。男の場合、美しさだけでは不十分だったのでしょう。

第七章　受け継がれるギリシア神話

「神話の歴史」と「神話の遺産」

「神話の歴史」というのは一見すると矛盾しているようですが（普通は神話と歴史は対立する概念とされています）、そうではありません。これまで述べてきたように、異なる地域で別々に生じたエピソードがしだいに集まって体系化されて、**ゼウス**を筆頭にオリュンポスの神々を中心とする「ギリシア神話」になったのです。そうした始まりがあり、やがてギリシア人がキリスト教徒になると神話はどうなったか、そして現代にはギリシア神話はどのような形で人々に影響を与えているのかという、ギリシア神話のアルファ（はじまり）からオメガ（おわり）までをここでは述べていきます。

エジプトとメソポタミアからの影響

これまで見てきたように、天上の王権をめぐるゼウスの神話はヒッタイト経由でフルリ人の神話を採用したものでした。また**デウカリオン**と**ピュルラ**が生き残ったという大洪水の神話は、『ギルガメシュ叙事詩』などに見られるメソポタミアの洪水神話が基になっています。冒頭にも書いたようにギリシアは東地中海に突き出た半島でしかも周囲には数多くの島もあり、大航海をしなくてもエジプトやカナンやメソポタミアなど当時の先進文化圏との交流が可能でした。そうした地域からさまざまな刺激を受けてそれらを融合した結果、独自の文化を作り上げました。それがギリシア神話の多様性と魅力を生んだのでしょう。

ヘラクレスの神話は外部から影響を受けたよい例です。彼は二頭のライオンを退治しています。しかしギリシアにはライオンはいません。今なら動物園があって見られますが、古代ギリシアには動物園はなかったでしょう。ではギリシア人はどうやってライオンを知ったのでしょう。おそらく日本人が中国の書籍から獅子《ライオン》や麒麟《キリン》や鰐《ワニ》を知ったのと同じで、より文化の進んでいたメソポタミアやエジプトからライオンの図像が伝えられたのでしょう。ライオンの特徴として私たちはたてがみの他に吼《ほ》え声も思い浮かべますが、ホメロスの中に比喩表現として登場してくるライオンは一度として吼えていません。ギリシア人は実物ではなく図像か彫刻でしか知らなかったようなのです。

ミュケーネ（ミケーネ）には二頭のライオンが向かい合って彫られている有名なライオン門がありますが、似たような門はオリエントやヒッタイトにも知られており、おそらくそれらから実物ではないライオンを知ったのではないでしょうか。これはもちろん、日本の神社の入り口に一対で飾られている狛犬《こまいぬ》にまでつながるものです。

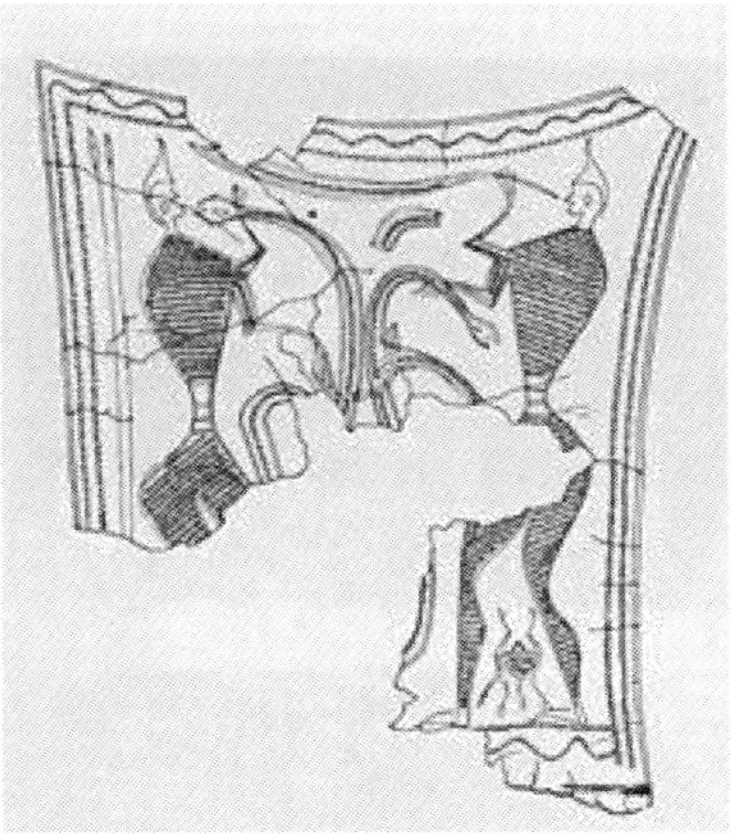

図36　ギリシア中部ボイオティア地方出土の留め針（フィブラ）、紀元前700年頃。多頭の蛇と戦う二人の男が描かれている

またヘラクレスの一二の仕事の中には九つの頭を持つレルナの水蛇退治があり

ます。この話の特徴はヘラクレスが甥《おい》の**イオラオス**の助けを借りたことと、**ヒュドラ**の加勢にカニが現われていることでしょう。この神話を描いたと思われる紀元前七〇〇年頃のものらしい留め針（フィブラ）がギリシア本土中央部のボイオティア地方から出土しています。破損していますが、中央には多頭のヘビが描かれ、両側の二人の男と戦っています。そして片方の男の足下には男に襲いかかるカニが描かれているのです（図36）。

　ところがメソポタミアのテル・アマル（現エスヌンア）から出土したそれよりはるか以前の紀元前二四〇〇年のアッカド時代の円筒印章には、二人の男が七つの頭と尾を持った怪物（足も描かれているので、蛇とは呼べません）とその前後に立って戦っている場面が刻まれています。怪物の首のうち、三つはまだ前方の男と戦っていますが、四つの首はすでに下に垂れています。高さ三・二セン

図37　メソポタミア出土の紀元前2400年頃の円筒印章。二人の男が七つの頭を持つ怪物と戦っている

チ、直径二センチの円筒印章がメソポタミアからギリシアに伝わるのは（ライオンに比べれば）さほど難しくはなかったでしょう（図37）。**スピンクス**もまたエジプトから伝えられた外来のイメージでしょう。スピンクスはギリシアの他にヒッタイトやカナンにも見られます。

他のインド＝ヨーロッパ語族神話との共通点

前述したようにギリシア語は他のいくつかの言語と多くの共通点を持っていて、そのためこれらの言語の話し手たちは、もとは一つの土地に住んでいて、次第に別の地方に移動したと考えられています。

たとえば父親という語はギリシア語ではパテールですが、インドの古代語のサンスクリットでのピタルと似ています。同様に母親はギリシア語でメーテールで、サンスクリットではマータルと似ています。ギリシア語、サンスクリット、古代イランのアヴェスタ語、ローマ帝国の言語であったラテン語、古くはヨーロッパの多くの地域で話されていたケルト語、現代の英語の元になったゲルマン語など多くの言語が共通の祖先をもつと考えられていて、その広がりがインドからヨーロッパまで（実際はもっと広い）と思われたので、この言語を共通にする集団（「語族」といいます）は、インド＝ヨーロッパ語族（あるいは印欧語族）と呼ばれるようになりました。

祖先たちが共通の言葉を話していたとすれば、神話を含む文化についても共通だった部分があると考えるのが自然でしょう。そこでギリシア神話についても、他のインド＝ヨーロッパ語族の神話に対応するものがないかが調べられています。以下ではその例をいくつか紹介します。

ゼウスの名前がインドの天空神ディアウスやローマの天空神ユピテル、そして北欧のチュールなどの神の名前と共通であることはすでに述べました。同じように他のインド＝ヨーロッパ語族に共通した名前が見られるのは曙《あけぼの》の女神**エオス**です。同じ起源の名前をもつ女神としては、インドのウシャス、ローマのアウローラ（オーロラの名称のもとです）、そしてリトアニアのアウシュリネがいます。

それから特徴を示す尊称が共通な例もあります。女神**アテナ**はさまざまな分野に守護の力を発揮するとして、**ポリアス**（守護者）・**ニケ**（勝利者）・**ヒュギエア**（慰撫《いぶ》者）という三連の尊称を与えられていますが、同じ意味の三連の尊称はローマの女神ユノにもセイスペス（汚れなき、清浄な）・マテル（母）・レギナ（女王）という形で、そしてイランの女神アナーヒターにもアルドゥヴィ（水に富む）・スーラ（力強い）・アナーヒター（汚れなき）という形で知られています。

これらの異なる地域の神話に認められる神々の名前や三連の尊称の共通性は、かつては同じ神話が共有されていたと想像させますが、残念ながらもはやそれがどのようなものであったのかは分かりません。

トロイ戦争の原因となった美女**ヘレネ**はゼウスが白鳥に変身して**レダ**と交わった結果、卵から生まれていますが、その時**ディオスクロイ**と呼ばれる双子の神も生まれています。同じように双子の兄弟の神をもつ女神がインドやラトビアやエストニアなどの神話にも知られています。そしてこの女神は太陽の乙女と呼ばれています。ヘレネの名は「光り輝く」という意味です。天空神ゼウスの娘ヘレネは人間化される以前は太陽の女神だったのかも知れません。

◇コラム　インド＝ヨーロッパ語族とは何？

一八世紀にイギリスがインドを支配するようになると、インドの古い言語サンスクリットがギリシア語やラテン語、さらにはドイツ語、アイルランド語なども元は一つで、のちに各地に拡散した結果、枝分かれして別々の言葉になった、ということが明らかになりました。このインドからヨーロッパまで広がった言語集団はインド＝ヨーロッパ語族あるいは印欧語族と呼ばれています。言語が共通であったならば、文化も共通であったろうと考えられ、インドからヨーロッパまでの諸民族の神話を比較して古い形を再建しようとする試みも生まれました。それが私が専門にしているインド＝ヨーロッパ比較神話学という分野です。

ギリシア神話はなぜ星座になった？

星座の多くがギリシア神話から名前がつけられていることは、ギリシア神話が多くの人々に愛されている理由の一つでしょう。ではいつごろからそうなったのでしょう。

『オデュッセイア』の第五巻には夜に星を目印に航海する場面があり、すばる座、オリオン座、おおぐま座などの名前が出てきます。狭い国土を出て地中海をあちこち航海して植民都市を作り、また交易によって経済活動をしていたギリシア人が星座に無関心であったはずはありません。

また本書の最初にも述べたように、ギリシアは近隣の先進文化から多くを学びました。そうした先進文化の一つが天体観測や占星術で有名なバビロニアです。バビロニアでは星は神々の住まいと考えられ、神意を知るためにも星や星座の観察が盛んで、すでに星座という考え方もそれぞれに名前をつけることも知られていました。それがさらに洗練されてギリシアの星座の神話となったのです。

現在知られている形にまとめられたのは、紀元二世紀でエジプトの首都アレクサンドリアでのこととされています。紀元前四世紀にマケドニアのアレクサンドロス大王がエジプト、ペルシアといった東方世界を征服し、ギリシア語とギリシア文化を広めました。彼が若くして亡くなると広大な領土は大王の部下の将軍たちによって分割されますが、将軍プトレマイオスが支配者となったエジプトはギリシア文化の中心となり、世界最大の図書館も作られました。星座についてのギリシア神話の中にアフリカを舞台にするものが比較的多いのはそのためと考えられています。

ギリシア神話にまつわる星座のうち、有名なものだけですが、説明を加えつつ紹介しておきます。

①**オリオン座**。巨人の狩人《かりゅうど》の**オリオン**については、意図的にかあるいは偶然にか、狩猟の女神**アルテミス**によって射殺されたという説と、アルテミスが遣わしたサソリ（↓さそり座）に刺されて死んだという説があります。

②**おおぐま座**。変装したゼウスによって強姦《ごうかん》された**ニンフ**の**カリスト**は、処女でなくなったために仕えていた処女女神アルテミスの怒りを受け、牝熊《めすくま》に姿を変えられてしまいます。彼女は**アルカス**を産みますが、やがて成長して狩人となったアルカスと出会うことになります。

③**こぐま座**。アルカスに出会ったカリストは嬉《うれ》しくて彼に近寄っていきますが、アルカスは出会った熊が母とは知らないので、射殺そうとします。これを見た神々

は憐《あわ》れんで二人を天に上げ、おおぐま座とこぐま座にしました。

④**おひつじ座**。**イアソン**に率いられたアルゴ船が手に入れようとした黄金の羊の毛皮の持主です。毛皮を与えた後に天に昇って星座となりました。

⑤**ふたご座**。ゼウスと**レダ**の息子の双子の**カストル**と**ポリュデウケス**です。

⑥**かに座**。**ヘラクレス**が水蛇ヒュドラと戦ったときに加勢したカニです。殺された後、ヘラクレスを迫害する女神**ヘラ**によって天上に上げられました。

⑦**しし座**。ヘラクレスに退治されたネメアのライオンがヘラによって天上に上げられました。

⑧**おとめ座**。ゼウスと掟《おきて》の女神**テミス**の間に生まれた正義の女神**ディケー**です。

⑨**てんびん座**。次のさそり座のはさみの部分がいつからか別に天秤《てんびん》と見なされたようです。

⑩**さそり座**。オリオンを刺したさそりです。

⑪**いて座**。多くの英雄を育てた**ケンタウロス**の**ケイロン**が死後、天に上げられたものです。

⑫**やぎ座**。ゼウスが赤子としてクレタ島で育てられた時、一緒に育ったヤギの姿の神で、ゼウスが天上に上げました。

⑬**みずがめ座**。通常は、ゼウスのお気に入りの美少年**ガニュメデス**が宴会で世話をしている姿とされています。

⑭**うお座**。**アフロディテ**と**エロス**（**クピド**）が突然現れた怪物の**テュポン**に驚いて、二匹の魚に変身して川に飛び込んで難を逃れたという話から由来しているようです。

⑮**こと座**。楽師**オルフェウス**の楽器である竪琴《たてごと》は、彼が殺された後に天に上げられたとされています。

⑯**竜座**。**ヘスペリス**の園で黄金のリンゴを守っていた一〇〇の頭を持つ竜とする説と**アポロン**に殺されたデルポイの竜**ピュトン**とする説があります。

⑰**カシオペア座**。エチオピアの女王**カシオペア**は自分が海のニンフである**ネレイス**たちよりも美しいと自慢したので、ネレイスたちは怒ってこのことを海神**ポセイドン**に訴えます。ポセイドンは罰として怪物を送ります。

⑱**アンドロメダ座**。カシオペアの娘が**アンドロメダ**です。怪物を宥《なだ》めるにはアンドロメダが怪物の餌食にならねばならないという占いに従い、アンドロメダは岩に縛りつけられます。しかしその時英雄**ペルセウス**が現われて、**ゴルゴン**の首を使って怪物を岩に変え、アンドロメダを救います。

⑲**くじら座**。ペルセウスによって岩に変えられた怪物が天に上げられたのがくじら座です。

⑳**みずへび座**。ヘラクレスに殺された水蛇ヒュドラとする説とアポロンが射殺したピュトンとする説があります。

㉑**天の川**。前述したようにヘラクレスが赤子の時にヘラの乳房を強く吸ったので、ヘラが痛みのためにヘラクレスを突き放したところ、乳が飛び出して天の川（ギリシア語でガラクサス・キュクロス、英語でミルキー・ウェイ「乳の道」）になったとされています。

★

これらのうち、英雄ヘラクレスの仕事につながる星座が⑥かに、⑦しし、⑯竜、⑳みずへび、㉑天の川と多いのが目立ちます。しかしそれらが他の星座の神話とつながっているかというとどうもそうではなさそうです。また⑰カシオペア、⑱アンドロメダ、⑲くじらとエチオピアを舞台とする一つの神話から多くの星座名がつけられています。これらはエジプトでまとめてつけられた星座名かも知れません。こうしてみると、夜の空の星座は一つのまとまった神話を語っていると考えるのは難しそうですね。

ギリシア神話はどう解釈されている?

天文学、地理学、数学、物理学などの分野が生まれ、科学的・合理的思考が高まると、神話に厳しい批判が発せられます。紀元前六世紀のギリシアの哲学者クセノパネスは、もし馬や牛が人間のように神話を作れるなら、きっと馬は神を馬の姿で、そして牛は神を牛の姿で描くだろうと述べて、神は人間が作りだしたものに過ぎないと主張しました。

これほど否定的ではないにしても、科学的・合理的な思考、いわゆるロゴスの言葉が優勢になると、神話を文字通りに神についての物語と理解せず、実は本当は別の意味があるのだとする説も登場してきます。一つはエウヘメリズム、もう一つはアレゴリズムです。
紀元前三世紀の哲学者エウヘメロスの名前で知られている説とは「神話は歴史である」とする歴史的な解釈です。つまりゼウスというのはかつて実在した王とするのです。アレクサンドロス大王が世界征服の偉業を達成し、神のように崇拝されていた時代のことですから、神話も昔の歴史の残存だとする考えも出たのでしょう。

もう一つのアレゴリズムは寓意《ぐうい》（アレゴリー）の説です。つまりアポロンや**ヘパイストス**は火であり、ポセイドンは水という具合で、神々とは諸要素のアレゴリーであり、それらが互いに結びついたり、対立したりして世界が運行していくと説明するのです。

しかし自然現象だけではすべての神々は説明出来ませんから、アテナは知恵、アフロディテは欲望などという説明もされました。アレゴリズムを駆使して世界を丸ごと描こうとしたもの、ということです。

神話の背後に歴史的事件を読み取ろうとする態度はエウヘメリズム的ですし、神話の登場人物や怪物の行動や姿に心のさまざまな働きを読み取ろうとする深層心理学の手法はアレゴリズム的といえるでしょう。

哲学者プラトンが伝える一夜にして海に沈んだという謎の大陸アトランティスは本当にあったのだろうか、などというサイエンス風な報道番組はいまもありますよね。これはエウヘメリズム的な神話の解釈でしょう。またあなたはどの神や女神のタイプかを選ばせて、そのタイプに即した生き方をしなさいという啓蒙的な本やサイトもあります。これは、神は火や水の寓意（アレゴリー）であるという伝統的なアレゴリズムではありませんが、それぞれの人にはモデルとなる神や女神がいて、神話でのその活動が生き方の指針となるというのですから、神々は各人の心の寓意であるという立場でしょう。

ギリシア悲劇――神話の文学化

王政の時代が終わり、平等な市民によって構成される民主主義のポリス国家になる紀元前八世紀頃には、ギリシア神話は悲劇を生みだしました。悲劇は喜劇やサテュロス劇とともに酒の神**ディオニュソス**を祝う春の祭において市民の前で上演されたのです。残念ながら現存する作品はあまり多くありませんが、その多くが神話を素材として戯曲に仕立て上げたものです。人間の悲劇的状況を舞台で上演して、市民たちが見たのです。

古い王政時代の悲劇的な状況を芝居として見ることで市民たちは自分たちの幸福を再確認できたのかも知れません。あるいは歴史的大河ドラマのように受け止めていたのでしょうか。ただし、内容はかなり深刻ですから現代で相当するのは、エンタテイメントではなくて、文芸作品の方でしょう。

アイスキュロス（紀元前五二五―紀元前四五六年）、ソポクレス（紀元前四九七―紀元前四〇六年）、エウリピデス（紀元前四八〇―紀元前四〇六年頃）という三人の悲劇作家が有名なので、以下では彼らの代表作を紹介します。なお、一人の作家は一度に三つの悲劇作品を上演することが参加の条件だったので、アイスキュロスの場合のように、連続するテーマの三作品がまとまって残ることがありました。

・アイスキュロス作、オレステス三部作『オレステイア』

トロイ戦争のギリシア側の総大将**アガメムノン**はトロイ陥落後、トロイの王女**カッサンドラ**を捕虜として伴い、帰国します。しかし帰国したその晩に、アガメムノンは風呂場で妻**クリュタイムネストラ**の愛人**アイギストス**によって殺され、カッサンドラもクリュタイムネストラによって殺されてしまいます。これが第一部の「アガメムノン」です。なぜアガメムノンの妻は愛人とともに夫を殺したのでしょう。それはかつてアガメムノンが戦争で成功するために妻に嘘《うそ》をついて娘**イピゲネイア**を犠牲にしたからでした。第二部「供養する女たち」では、父を母とその愛人に殺されたもう一人の娘**エレクトラ**が弟**オレステス**を励まして、母親と愛人を殺させて、父の仇《かたき》を討つ様子が述べられています。しかし母殺しの罪のため、オレステスは復讐《ふくしゅう》の女神エリニュスたちによって追われ、狂気に陥ってしまいます。なお、エレクトラの名前は、父親に無意識に恋愛感情を抱いてしまう女性のケースを指す心理学用語の「エレクトラ・コンプレックス」に使われています。

第三部「慈しみの女神たち」では神々はオレステスを救おうとして、復讐の女神と対立します。神々に導かれたオレステスは救いを求めてアテナイに現われて、裁きの場でアポロンとアテナの力添えもあって無罪の評決を勝ち取ることができます。しかし怒りの収まらない復讐の女神に対して、アテナは彼女らへの篤い崇拝を約束するのです。こうして彼女たちは祝福の女神**エウメニデス**へと姿を変え、オレステスも狂気から救われます。

・ソポクレス作、『オイディプス王』、『コロノスのオイディプス』、『アンティゴネ』

オイディプスはテバイ王**ライオス**とその妃《きさき》**イオカステ**の息子として生まれます。しかし彼は望まれた子ではありませんでした。なぜならライオスは生まれてきた子に殺されるという予言を受けていて、子供が生まれないように妻との交わりを避けていたのですが、ある時、酔って不覚にも交わり、子供が生まれてしまうのです。

ライオスはその子を隣国コリントスとの国境の山中に捨てさせます。子供はコリントスの羊飼いに拾われ、やがて子供のいなかったコリントス王の子として育ちます。しかし彼はデルポイの予言で父を殺し、母と交わると言われ、その成就を避けるためにコリントスを発《た》ってテバイに向います。その途中、山道で反対側から来た老人と口論となり、殺してしまいます。その相手こそ本当の父のライオスでした。

その後、テバイの都は怪物スピンクスに悩まされます。人々はスピンクスを退治した者には不在の王位を継がせると決めます。そしてオイディプスがスピンクスの謎を解き、実の母とは知らずに王妃イオカステと結婚して王となり、四人の子供も生まれたのです。しかし突如、テバイに疫病が流行《はや》り、多くの死人が出ます。予言者**テイレシアス**はその原因がかつての王殺しにあると宣言します。

スピンクスの謎を解き王となったオイディプスは自らを知恵者と信じており、犯人捜しを始めますが、最後には自分が犯人であることが分かります。イオカステはそれをオイディプス自身より先に知り、自害してしまいます。自分の愚かさを悔やむオイディプスは自ら両目を潰して放浪者となります。これが『オイディプス王』です。

『コロノスのオイディプス』はその後の話です。盲目となったオイディプスは二人の娘とともに放浪し、アテナイにやってきます。人々は人殺しのオイディプスを穢《けが》れた存在として立ち去らせようとしますが、王**テセウス**は彼が聖森で死ぬことを許します。オイディプスはテセウスに感謝し、この地に祝福をもたらすと述べて姿を消します。『アンティゴネ』はオイディプスが亡くなった後にテバイに戻った娘の**アンティゴネ**を主人公にした作品です。オイディプスの二人の息子が父の後継者の地位を巡って戦い、互いに刺し違えて死んでしまったところから話は始まっています。

息子の一方の**ポリュネイケス**は兄弟の**エテオクレス**と戦うため、テバイの軍勢の力を借りました。このことが兄弟の死後に王となったイオカステの兄、つまりアンティゴネたちにとっては母方の叔父の**クレオン**には許すことができません。そこで彼はポリュネイケスの死体は野ざらしにして辱めるべきであり、埋葬しようとするなら死罪に処すると公示を出します。しかしアンティゴネにとっては二人の兄たちはどちらも同じであり、家と先祖のためにも死罪を覚悟で埋葬を試みるのです。

これを知ったクレオンはアンティゴネを捕えて地下牢《ちかろう》に閉じ込めて処刑しようとします。しかしクレオンの息子**ハイモン**はアンティゴネと婚約しており、父に処刑をやめるよう懇願するのです。それでもクレオンは考えを変えません。その結果、アンティゴネは自害し、それを知ったハイモンも彼女に折り重なって自害してしまいます。そしてさらに息子の自害を知ったクレオンの妻も自害してしまうのです。

オイディプスが意図せずに父を殺し、母と交わってしまうというショッキングな内容は、一九世紀オーストリアの精神科医フロイトの興味を引きました。彼は無意識という概念を研究しており、幼い男子が母を独占したくて父を敵対視し、しかしそうした気持ちを意識しないように抑圧して無意識の領域に送り込んでしまうのではないか、そうした感情は人類に普遍であり、それを劇化して見せたのが『オイディプス王』ではないか、と考えたのです。ギリシア語のオイディプスは他のヨーロッパではエディプスという読まれかたになることから、フロイトはこの幼児期の無意識に潜む抑圧された固定観念を「エディプス・コンプレックス」と命名しました。

・エウリピデス作、『バッコスの信女たち』、『ヘレネ』

『バッコスの信女たち』は神ディオニュソスが主人公です。ディオニュソスの父はゼウスで母はテバイの王女セメレですが、ディオニュソスは、最初はギリシアではなかなか認められず、東方を放浪した後、ようやく故郷に戻ってくるのです。しかし彼の従兄弟《いとこ》であるテバイの若き王**ペンテウス**はディオニュソスを神とは認めず迫害します。するとディオニュソスはペンテウスの母**アガウエ**やその叔母たちに自分に対する崇拝を吹き込み、テバイの女たちはみな、仕事も家庭も捨てて、**バッカイ**（ディオニュソスの別名のバッコスを信奉する「バッコスの信女たち」）となって山野に向かうのです。

ペンテウスも知らぬ間にディオニュソスの魔力にかかり、信女の身なりをして山に入ります。すると母や叔母たちはこれまたディオニュソスの魔力のためペンテウスを牡牛《おうし》と見誤り、襲いかかってきて彼を生きたまま引き裂いてしまうのです。そして魔力から覚めた母のアガウエは自分が息子の生首を持っているのを知って愕然《がくぜん》とするのでした。

もう一つの『ヘレネ』では、トロイ戦争で誘拐されたスパルタの女王ヘレネが主人公です。しかしここでは彼女はトロイにはいかず、神々の意図によって戦争の間ずっとエジプトに留められており、トロイにいたのは雲から作られたヘレネのコピー（似姿、エイドス）だったとされています。

さらに高まる文学化と芸術化

こうして神話の神々に疑いの眼差しが向けられるようになっても、それは哲学者や弁論家のような一部の知的集団に限られていたようです。一般の人々は相変わらず神話の神々の神殿に詣でては供物を備えて祈っていました。

ただしこうした流れの結果として、神話は信仰の物語としてだけでなく、前述のように娯楽としての物語にもなりました。紀元二世紀以降、ギリシアが政治的にはローマの支配下に入ると、ローマの詩人たちはギリシア神話を自分たち流にアレンジするようになります。

・ローマ世界

ローマ帝国の最初の皇帝であるアウグストゥスは自国の起源をギリシアに負けないほど立派なものにしたいと願い、自分がパトロンとなっていた詩人ウェルギリウスに建国の神話の詩を作るように命じたと言われています。ウェルギリウスは一一年かけて建国の神話詩『アエネイス』を書き上げますが、最後の推敲《すいこう》の前に熱病にかかって亡くなります。

彼は芸術家らしく不完全な原稿の出版を嫌い、死の直前に友人たちに原稿を焼き捨てるように願いますが、皇帝はそれを許さず出版を命じました。こうしてトロイの英雄で女神アフロディテ（ローマ神話ではウェヌス）の子であるアイネアス（ローマではアエネアス）を主人公とし、彼が落城するトロイから脱出して、地中海を西に向けて航海し、イタリア半島に到着すると敵と戦って勝利して建国し、その子孫がローマにつながっていくという、ギリシア人に代わって支配者となったローマ人のための新しい神話が誕生したのです。

しかしこの神話詩は、一読すれば分かるように、前半は海での航海の苦難ということで『オデュッセイア』をモデルとし、後半の戦闘の部分は『イリアス』をモデルとしています。ギリシア神話は新しい環境で求められた新しい神話に姿を変えて生き残ったのです。

同じことはウェルギリウスと同じ時代にやはり皇帝の支援を受けて詩作をしていた詩人オウィディウスの『変身物語』についてもいえます。ギリシア神話には変身が少なくありません。アテナに織物の腕の勝負を挑んだ**アラクネ**は罰として蜘蛛《くも》に姿を変えられます。アポロンからの求婚を拒んだ**ダプネ**は月桂樹《げっけいじゅ》に変身します。自分の姿に恋してしまった**ナルキッソス**は死んで水仙になります。アポロンの愛人の美少年**ヒュアキントス**は死んでヒアシンス（またはアイリス）になります。そして女神アフロディテの愛人**アドニス**は猪に殺されて、その血からはアネモネが咲きます。

オウィディウスは世界の始まりからローマの時代までのすべての神話を途切れることなしに語るのに変身をキータームとして一貫した語りを試みたのです。そこには神話が真実の神々の話であるという観念はもはやありません。神々やニンフが次々と姿を変えていく物語の展開の面白さに狙いがあるのです。神話の文学化といえるでしょう。

・キリスト教支配からルネサンス

中世のキリスト教ヨーロッパではギリシア神話は間違った教えでしたから、表向きは読まれませんでした。しかし一五世紀（クワトロチェント）になり、イタリアの諸都市国家に東方との貿易で富が流入し、さらに一四五三年にビザンツ帝国がオスマントルコによって滅ぼされると難民がどっとイタリアに押し寄せてきました。その結果、それまで西ヨーロッパではあまり知られていなかった古いギリシアの文化遺産が再発見されるようになり、ギリシア神話をテーマにとった美術作品が次々と制作されました。

一六世紀までつづくこの古典文化の再評価がルネサンス（文芸復興）です。代表的な美術作品としては、ボッティチェリ「ヴィーナスの誕生」（図3）や、ティツィアーノの「ヴィーナスとアドニス」、ジョルジョーネの「眠れるヴィーナス」などがあります。いずれも愛と美の女神アフロディテ（ローマ名ウェヌス、英語名ヴィーナス）がモデルです。愛と美の女神はいつもヌードなのです。キリスト教社会では描くことが禁止されていた女性のヌードが、人間ではない女神の姿という口実で描かれるようになりました。また先に紹介したアレゴリズムつまりアレゴリー（寓意《ぐうい》）説も助けとなりました。アフロディテは美の寓意なのだから、これは寓意であって世俗的・通俗的な裸婦像ではないという理屈が通ったのです。

・一九世紀

近世に始まったヨーロッパ諸国による植民地獲得競争は一九世紀になるとひと段落します。勝者は大英帝国でした。しかし大英帝国には欠けているものがありました。栄光に満ちた過去です。スペイン、フランス、イタリアなどの地中海沿岸の諸国はローマの後裔《こうえい》という輝かしい過去を誇ることができたのに、大西洋の島国イギリスにはそれがありませんでした。そこでイギリスは、自分たちがギリシア文化の後継者であると主張し、ギリシア文化の教育を熱心に推進したのです。

もう一つ、それまで目立たなかったけれど、一九世紀に急速に力をつけてきたのがドイツ帝国です。こちらも祖先はローマ帝国に侵入してローマ滅亡の要因となったといわれているゲルマン民族ですから、祖先自慢はできません。そこでイギリスに倣って、ギリシア文化の教育を熱心に行いました。一九世紀にギリシア神話の研究が最も盛んであったのがイギリスとドイツだったのは偶然ではないのです。

日本の銀行の建物の多くがギリシア建築風だと感じたことはありませんか？　一九世紀に日本は明治維新で開国しましたが、威厳ある建物はその当時の英国やドイツのものを手本にしました。そして英国やドイツで理想とされていたのが古代ギリシアの神殿建築だったため、それが日本でも真似《まね》されたのです。

・現代世界

ギリシア神話は現代社会にも生き続けています。いくつか例を紹介しましょう。

『黒いオルフェ』（Orfeu Negro〈ポルトガル語〉、Black Orpheus〈英語〉）は、マルセル・

カミュ監督による一九五九年公開のフランス・ブラジル・イタリア合作映画です。オルフェウス（オルフェ）とエウリュディケ（ユーリディス）の神話を、カーニバルで盛り上がる公開当時のブラジル、リオ・デ・ジャネイロに移しています。

『アルゴ探検隊の大冒険』（Jason and the Argonauts）は、一九六三年に公開されたイギリスとアメリカ合作の特撮映画で、イアソン率いるアルゴ船探検隊（**アルゴナウタイ**）の冒険を描いた作品です。

『SF超人ヘラクレス』（Hercules in New York）は一九七〇年に制作されたアメリカ映画で、アーノルド・シュワルツェネッガーがヘラクレス役で怪物退治をしています。

『タイタンの戦い』（Clash of the Titans）は一九八一年のアメリカのファンタジー映画で、『アルゴ探検隊の大冒険』の続編映画として制作されました。ゼウスの子である英雄ペルセウスが、王女アンドロメダを守るため、神々に助けられながら獣人カリボス、蛇女メデューサ、大海獣クラーケンらを相手に大冒険を繰り広げています。

『ヘラクレス』（Hercules）は一九九七年のディズニーの長編アニメです。ただし、ストーリーは必ずしもギリシア神話に忠実ではないようです。

『トロイ』（Troy）は二〇〇四年のアメリカ映画で、トロイ戦争についての歴史戦争映画です。主役の**アキレウス**をブラッド・ピットが演じています。

こうしたリストを見るとギリシア神話は現代でも根強い人気を保っていることが分かるでしょう。

日本ではマンガやアニメでよく使われているようです。「聖闘士星矢《セイントセイヤ》」は、車田正美による日本の漫画で、アニメ化もされています。一九八五年から集英社の漫画雑誌『週刊少年ジャンプ』で連載されました。「聖衣（クロス）」と呼ばれる星座の趣向を凝らした鎧《よろい》や、ギリシア神話をモチーフにした物語が、「聖闘士」とか「小宇宙《コスモ》」といったネーミングとともに人気となりました。

希望の闘士の聖闘士は世の中に邪悪がはびこるとき、必ずや現れるとされます。彼らは神話の時代より女神アテナに仕え、武器を嫌うアテナのために素手で敵と戦い、天空に輝く八八の星座を守護として、それを模した防具を纏《まと》っています。そして厳しい修行を経てアテナの聖闘士となった少年星矢は、父に運命を託された実の兄弟たち（アニメ版では同じ境遇の少年たち）と共に地上の覇権を争う神々の争いに身を投じるのです。

天馬星座《ペガサス》の星矢、龍星座《ドラゴン》の紫龍、白鳥星座《キグナス》の氷河、アンドロメダ星座の瞬、鳳凰星座《フェニックス》の一輝、の五人の青銅聖闘士《ブロンズセイント》が全編を通じて物語の軸となっています。

もう一つ、アニメ「美少女戦士セーラームーン」（武内直子原作）も紹介しましょう。名前の由来はセーラー（服装）とムーン（月）で、コスチュームであるセーラー服と、シンボルである月を組み合わせています。主人公の月野うさぎは中学二年生の普通の少女ですが、黒猫ルナと出会って生活が一変します。月の光を浴びながら「メイクアップ」という言葉を唱えるとセーラー戦士に変身し、街の平和を脅かす妖魔と戦うことになるのです。

その後、セーラーマーキュリー（水星）、セーラーマーズ（火星）、セーラージュピター（木星）、セーラーヴィーナス（金星）など徐々に仲間が増えていきます。やがて彼女がかつて月に存在していたシルバーミレニアムの王女プリンセスセレニティであったことが明らかになります。仲間の少女たちも惑星の女神たちの化身なのです。

月野うさぎの恋人である地場衛は戦闘シーンではタキシード仮面として登場しますが、彼の前世は地球国の王子エンディミオンで、プリンセスセレニティの恋人でした。主人公月野うさぎの恋人がエンディミオン（一般にはエンデュミオンが普通）とされていることから、彼女はギリシア神話の月の女神セレネがモデルであると分かります。

また彼女がセーラームーンに変身するきっかけとなった猫の名前はローマ神話の月の女神であるルナです。配役の名前がいずれもローマ神話風になっているのは、惑星と結びつけるためです。このアニメは一九九二年から一九九七年まで放映されました。

日本神話とギリシア神話

私を神話研究に導いて下さった恩師は吉田敦彦《よしだあつひこ》先生です。先生はギリシア神話が日本神話の形成に影響を与えたという説を提唱されました。なかでも私が魅了されたのは、女神の個所で紹介したデメテルと娘ペルセポネの神話を日本神話と比較した次のような個所でした（『ギリシァ神話と日本神話』）。

・沈んでいるデメテルを元気づけるため、バウボは女性器を露出して、デメテルを笑わせ元気を取り戻させます。日本神話では、女神アマテラスが岩屋に閉じこもったために世界が暗闇になった時、女神を岩屋から引き出すためにアメノウズメが裸になって踊り、神々が哄笑《こうしょう》した結果、アマテラスを連れ出すことに成功しています。

・ギリシア神話ではオルフェウスが妻のエウリュディケを連れ戻そうと冥界に行きますが、禁止を破って妻の姿を見ようとして連れ戻すのに失敗します。日本神話ではイザナギが妻のイザナミを連れ戻そうと冥界に行きますが、禁止を破って妻の姿を見たために連れ戻すのに失敗します。

・ギリシア神話ではペルセポネは冥界の食べ物を食べたために完全には冥界とのつながりを断ち切れません。日本神話ではイザナミは冥界の食べ物を食べてしまったため、生者の世界に戻れません。

吉田先生はこうした類似は偶然ではなく、南ロシアの黒海付近まで進出してきたギリシア人がイラン系の遊牧民であるスキタイ人に神話を伝え、より東に移動したスキタイ人の一部が接触のあったアルタイ系の遊牧民にギリシア神話を伝え、それが朝鮮半島を経て日本に持ち込まれた結果、日本神話にギリシア神話のモチーフが認められるとしたのです。大変に魅力的な考え方で私も大いに興奮しました。

しかし残念なことに遊牧民族は文字による記録を持たないので、ギリシアと日本を結ぶ中間地帯については神話が伝えられたと証明することは難しく、仮説に留まらざるを得ないのです。

神話はある特定の時代にある特定の地域に住む人々によって、彼らの経験や考えや感情を体系化し、表現し、記憶し、後世に伝えるために生まれたのだと思います。人間である以上、どの時代、どの地域に生きたとしても共通の関心や経験があるはずです。だから世界各地の神話には共通する要素が認められるのです。

しかし他方、時代や地域が異なれば、異なる関心や経験があり、それらが神話に違いを生じさせることもあります。それがそれぞれの神話の個性、特徴です。そうした共通性や個性を知るためにも、私は世界各地の神話との比較を通してギリシア神話のもつ他の神話との共通性、そしてギリシア神話の独自性を本書で明らかにしようと試みました。

おおまかにいえば、ギリシア神話には世界のはじまり、人類のはじまり、文化のはじまり、死の起源、大洪水など他の地域の神話と共通する関心事が述べられています。そして神々だけでなく、英雄、怪物、精霊などが豊富だし、星の神話も豊富です。こちらはギリシア神話の個性、特徴で時を経ても、変わりなく人々を魅《ひ》きつけるのだといえるでしょう。過去に創作されただろう膨大な数の物語のほとんどが消えていったなかで現代にまで伝えられてきて、後の時代への影響力も大きかったという点もギリシア神話の特徴でしょう。

あとがき

幸いなことに私は勤務先の和光大学では世界の神話を概観する授業のほかに、各地の神話について個別の授業もさせてもらっています。オリエント神話、ゲルマン神話、ケルト神話、日本神話、新・旧約聖書の神話、そしてギリシア神話です。その中でももっとも受講生が多いのがギリシア神話です。内容の豊富さ、そしてそれを基に同時代はもちろん、その後も引き続き、現代まで創られ続けている芸術作品の豊富さそして素晴らしさを見れば、ギリシア神話が世界の神話の中でも最も人気が高いのも当然だと思われます。しかし、学生たちは大学入学までの教育においては神話に触れる機会がなかったので、ギリシア神話についても神々の名前は知っていても実際の内容や意味についてはあまりよく知らない場合がほとんどです。そうした学生たちに対して、ギリシア神話の魅力とその意義について分かりやすく説明しようとこれまで努めてきました。そうした経験が本書に反映していればよいのですが。

〈参考文献〉

他のギリシア神話の本

呉茂一『ギリシア神話』上下、新潮文庫、一九七九
里中満智子「マンガ ギリシア神話」全八巻、中公文庫、二〇〇四
西村賀子『ギリシア神話』中公新書、二〇〇五
松村一男監修『図解ギリシア神話』西東社、二〇一一
庄子大亮『世界を読み解くためのギリシア・ローマ神話入門』河出書房新社、二〇一六

基本的データを調べるための原典

ホメロス『イリアス』（松平千秋訳）上下、岩波文庫、一九九二
ホメロス『オデュッセイア』（松平千秋訳）上下、岩波文庫、一九九四
ヘシオドス『神統記』（廣川洋一訳）岩波文庫、一九八四
ヘーシオドス『仕事と日』（松平千秋訳）岩波文庫、一九八六

ヘシオドス「ヘシオドス全作品」（中務哲郎訳）京都大学学術出版会、二〇一三
アポロドーロス『ギリシア神話』（高津春繁訳）岩波文庫、一九五三
アポロニオス『アルゴナウティカ』（岡道男訳）講談社文芸文庫、一九九七
ヒュギーヌス『ギリシャ神話集』（松田治・青山照男訳）講談社学術文庫、二〇〇五
クイントゥス『トロイア戦記』（松田治訳）講談社学術文庫、二〇〇〇
オウィディウス『変身物語』（中村善也訳）上下、岩波文庫、一九八一（ギリシア神話がローマではどのような形で受容されたかを知るのに重要）
ウェルギリウス『アエネーイス』（岡道男・高橋宏幸訳）京都大学学術出版会、二〇〇一

辞典・事典

高津春繁『ギリシア・ローマ神話辞典』岩波書店、一九六〇
ルネ・マルタン監修『図説ギリシア・ローマ神話文化事典』（松村一男訳）原書房、一九九七

大林太良他『世界神話事典』角川ソフィア文庫、二〇一二

本書を書くに際して参考にした他の分野の研究書

西村太良監修『世界の歴史と文化　ギリシア』新潮社、一九九五
周藤芳幸『ギリシアの考古学』（世界の考古学③）同成社、一九九七
周藤芳幸・村田奈々子『ギリシアを知る事典』東京堂出版、二〇〇〇

さらにギリシア神話について学びたい人のためのより進んだ段階の参考図書

吉田敦彦『ギリシァ神話と日本神話』みすず書房、一九七四
カール・ケレーニイ『ギリシアの神話』（植田兼義訳）中公文庫、一九八五
ヴァルター・ブルケルト『ギリシアの神話と儀礼』（橋本隆夫訳）リブロポート、一九八五

ラ　行

マ　行

ナ 行

ハ 行

サ　行

タ　行

カ　行

索　　引

ちくまプリマー新書

313
謎解き 聖書物語
長谷川修一
旧約聖書につづられた物語は史実なのか、それともフィクションなのか？ 最新の考古学的研究をもとに謎に迫り、流れを一望。知識ゼロからわかる聖書入門の決定版。

288
ヨーロッパ文明の起源
――聖書が伝える古代オリエントの世界
池上英洋
ヨーロッパ文明の草創期には何があり、人類はどのようにそれを築いていったか――。聖書や神話、遺跡などをてがかりに、「文明のはじまり」の姿を描き出す。

173
はじめての日本神話
――『古事記』を読みとく
坂本勝
神話は単なるファンタジーではない。なぜ古代の人々が見えない神々の世界を想像したのか、〈自然〉と〈人間〉の接点を舞台に読みとく。わかりやすいあらすじつき！

231
神社ってどんなところ？
平藤喜久子
初詣、七五三、お宮参り……神社は身近な存在です。では、そこに何の神様が祀られているか知っていますか？ 意外と知らない神社のこと、きちんと知ろう！

174
西洋美術史入門
池上英洋
名画に隠された豊かなメッセージを読み解き、絵画鑑賞をもっと楽しもう。確かなメソッドに基づいた、新しい西洋美術史をこの一冊で網羅的に紹介する。

ちくまプリマー新書

190
虹の西洋美術史
岡田温司
出現の不思議さや美しい姿から、古代より思想・科学・芸術・文学のテーマとなってきた虹。西洋美術でその虹がどのように捉えられ描かれてきたのかを読み解く。

116
ものがたり宗教史
浅野典夫
宗教は世界の歴史を彩る重要な要素のひとつ。異文化への誤解をなくし、国際社会の中での私たちの立ち位置を理解するために、主要な宗教のあらましを知っておこう。

162
世界の教科書でよむ〈宗教〉
藤原聖子
宗教というとニュースはテロや事件のことばかり。子どもたちは学校で他人の宗教とどう付き合うよう教えられているのか、欧米・アジア9か国の教科書をみてみよう。

305
学ぶということ
――続・中学生からの大学講義1
桐光学園+ちくまプリマー新書編集部 編
受験突破だけが目標じゃない。学び、考え続ければ重い扉が開くこともある。変化の激しい時代を生きる若い人たちへ、先達が伝える、これからの学びかた・考えかた。

306
歴史の読みかた
――続・中学生からの大学講義2
桐光学園+ちくまプリマー新書編集部 編
人類の長い歩みには、「これから」を学ぶヒントがいっぱいつまっている。その読み解きかたを先達に学び、君たち自身の手で未来をつくっていこう!

ちくまプリマー新書331

はじめてのギリシア神話《しんわ》

二〇一九年八月十日　初版第一刷発行

著者　松村一男（まつむら・かずお）

装幀　クラフト・エヴィング商會

発行者　喜入冬子

発行所　株式会社筑摩書房
東京都台東区蔵前二-五-三　〒一一一-八七五五
電話番号　〇三-五六八七-二六〇一（代表）

印刷・製本　中央精版印刷株式会社

ISBN978-4-480-68358-8 C0214 Printed in Japan